TSC 단어장 1000

초급자(기초)도 쉽게 TSC 단어장으로 목표를 달성하자

TSC 단어장 1000

찍은날	2016년 7월 15일 인쇄
펴낸날	2016년 7월 22일 발행

지은이	최 진 권
펴내이	조 면 숙
펴낸곳	도서출판 북도드리
등록번호	제16-2083호
등록일자	2000년 1월 17일

주소	서울시 금천구 가산디지털1로 205, 705 (가산동, 케이씨씨웰츠밸리)
전화	(02) 851-9511
팩스	(02) 852-9511
전자우편	appbook21@naver.com

ISBN 978-89-86607-00-0 13720

값 16,000원

※잘못된 책은 바꾸어 드립니다.

머리말

 이제는 중국을 빼고는 세계 경제를 말할 수 없을 정도로 중국어는 이제는 우리에게 선택이 아닌 필수가 되었습니다. 그런 이유로 많은 기업들은 단순히 독해와 쓰기 영역으로 평가되는 기존의 필기시험보다는 실전에서 자신의 의견을 말할 수 있는 구술시험이 주된 평가 방식으로 바뀌고 있습니다.

 현재 시중에 나와 있는 많은 교재들은 초급자가 공부하기에는 어려운 문장과 단어로 이루어져 있기 때문에 대부분 시작을 하다가 쉽게 포기를 하는 경우가 많습니다. 학습자가 부담을 느끼지 않으면서 학습을 할 수 있도록 수준을 조절했습니다. 또한 학습자의 입장에 서서 초보자도 쉽게 공부할 수 있도록 하였습니다. 학습자의 입장에서 무엇이 필요한지, 알고 싶어 하는 것이 무엇인지부터 시작을 하여 철저하게 학습자의 입장에서 본 교재를 집필하게 되었습니다.

 쉬운 문장을 통해서 쉽게 답변할 수 있도록 하였고, 시험에 자주 나온 문장을 통해 적응이 될 수 있도록 준비했습니다. 학습에 필요한 주요 어휘들을 시험 유형에 따른 29개의 Chapter로 분류하여 쉽게 접할 수 있도록 하였습니다.

 또한, 각 Chapter별 꼭 알아야 할 Key Point와 핵심 표현을 정리하고 Chapter가 끝날 때마다 학습자가 헷갈리기 쉬운 내용에 대해 스스로 정리를 할 수 있도록 하였습니다.

 여러분과 같은 학습자의 입장으로 돌아가 이 책을 쓰고자 했습니다. 많은 수험생들이 본 교재를 통해 효과적이면서 효율적으로 시험에서 목표한 바를 이룰 수 있기를 기원합니다.

 마지막으로 그 누구보다 사랑하는 아버지, 어머니께 감사드리며, 항상 옆에서 응원해 주고 힘이 되어준 아내에게 무한한 감사의 마음 전합니다.

2016년 산본에서 최 진 권

이 책의 구성과 특징

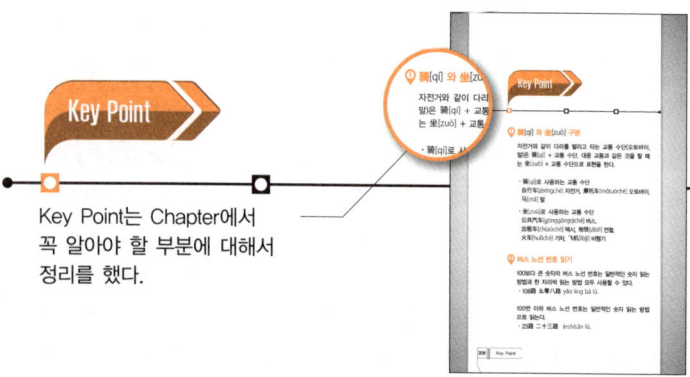

Key Point는 Chapter에서 꼭 알아야 할 부분에 대해서 정리를 했다.

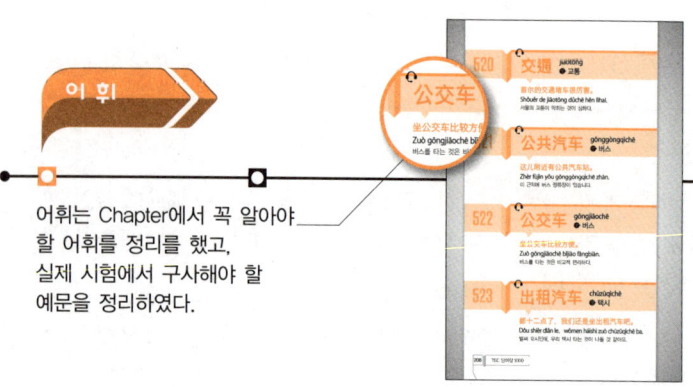

어휘는 Chapter에서 꼭 알아야 할 어휘를 정리를 했고, 실제 시험에서 구사해야 할 예문을 정리하였다.

핵심 표현

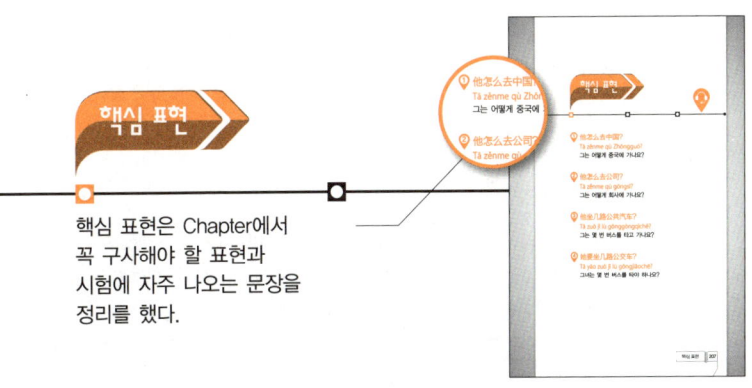

핵심 표현은 Chapter에서 꼭 구사해야 할 표현과 시험에 자주 나오는 문장을 정리를 했다.

이것만은 헷갈리지 말자

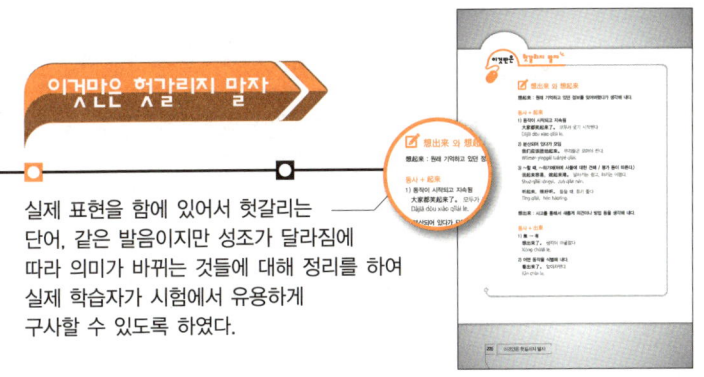

실제 표현을 함에 있어서 헷갈리는 단어, 같은 발음이지만 성조가 달라짐에 따라 의미가 바뀌는 것들에 대해 정리를 하여 실제 학습자가 시험에서 유용하게 구사할 수 있도록 하였다.

이 책의 구성과 특징 5

시험에 대해 알아보자

✎ TSC란?

TSC는 Test of spoken Chinese의 약자로 일상생활이나 실무 현장에서 실제로 의사 소통할 수 있는 능력을 평가하는 CBT방식의 중국어 말하기 시험이다.

✎ TSC 특징

국내 최초의 CBT(Computer Based Test)와 MBT(Mobile Based Test)
원어민 면접관과의 직접적인 인터뷰 시험은 장소와 응시 인원에 많은 제약이 따릅니다. TSC는 그러한 제약 없이 원하는 일시와 장소에서 다수의 인원을 동시에 측정할 수 있습니다. 시험 진행 방식은 컴퓨터가 설치된 자리에 앉아 마이크가 장착된 헤드셋을 끼고 진행됩니다. 응시자는 각자의 헤드셋을 통해 문제를 듣고 헤드셋 마이크를 통해 답변을 녹음하게 됩니다. 특히 MBT는 소형 Laptop컴퓨터를 통해 컴퓨터 시설이 없는 단체나 학교 등에서 시험을 치를 때 사용합니다.

✎ 다양한 소재와 형식의 인터뷰

자기 소개, 질의 응답, 신속한 응답, 짧은 응답, 의견 제시, 장면 설정, 스토리 구성 등 다양한 형식과 구성으로 이루어진 인터뷰 형식의 평가 방식입니다.

✎ 그림 문제와 일상적 소재로 수험자 부담 최소화

자기 소개, 질의 응답, 신속한 응답, 짧은 응답, 의견 제시, 장면 설정, 스토리 구성 등 다양한 형식과 구성으로 이루어진 인터뷰 형식의 평가 방식입니다.

TSC 시간과 문항 수

구분	구성	문항수	시간(초)	답변(초)
제1부분	간단하게 자기 소개하기	4	0	10
제2부분	제시된 그림을 보고 대답하기	4	3	6
제3부분	일상생활과 관련된 화제에 대해 대화 완성하기	5	2	15
제4부분	일상 화제에 대해 간단하게 설명하기	5	15	25
제5부분	의견과 생각을 묻는 질문에 대답	4	30	50
제6부분	주어진 상황에 대응하여 대답	3	30	40
제7부분	네 개의 연속된 그림을 보고 스토리 구성	1	30	90

TSC 등급

고급	10	모든 질문에 풍부한 어휘와 복잡한 문형을 사용해 조리 있게, 자유자재로 답변할 수 있다. 고급 수준의 화제에 대해서도 논리적으로 유창하게 말할 수 있다. 풍부한 어휘력을 갖추고 있는 것은 물론 사자성어와 관용어를 구문 안에서 적절히 사용할 수 있고 대체적으로 어법에서도 실수가 없는 편이다.
	9	대부분의 일반적인 화제에 적극적으로 대처하고 참여할 수 있으며, 자세하게 설명할 수 있는 능력을 갖추고 있다. 고급 수준의 화제에 대해 자신의 의견을 논리적으로 전개할 수 있지만 이런 경우 어법이나 단어 사용에서 약간의 실수가 나타나기도 한다.
	8	대부분의 일반적인 문제에 비교적 분명하고 명료하게, 어느 정도의 설득력을 갖추고 자신의 의견을 표현해 낸다. 그러나 논리적으로 의견을 제시할 때는 말하는 속도가 떨어지고 어법상의 실수를 하기도 한다.
중급	7	일반적인 화제에 대해 적극적으로, 자신감을 갖고 대응할 수 있다. 익숙하지 않은 화제 혹은 분야에 대해서도 어느 정도 답변이 가능하지만 복잡한 어법과 단어를 사용하면 실수가 눈에 띄게 늘어나고 유창성이 떨어진다. 자신의 실수를 고치면서 말하는 경향이 있기 때문에 말을 더듬거나 멈추는 경우가 있다.
	6	일반적인 화제에 대해 적절히 대응할 수 있고 구체적으로 답할 수 있으며 내용도 충실한 편이다. 기본적인 어법은 명확히 이해하고 있고 자주 접하는 질문에 대해서는 비교적 상세하게 묘사할 수 있기 때문에 실수를 해도 이해하기 어렵지 않다.
	5	자신의 관심분야 등과 같은 일반적인 화제에 대해 구체적으로 답변할 수 있고 기본적인 사회활동을 하는 데 큰 문제가 없다. 일반적인 화제 가운데서도 익숙한 화제나 경험에 대해서는 짧지만 구체적으로 설명할 수 있다. 그러나 대체로 의미 전달에 영향을 미치지는 않는다.
	4	자신과 관련된 화제와 말하기에 익숙한 내용에 대해 의사 소통이 가능하며 기초적인 사회활동에 필요한 대화를 할 수 있다. 자주 쓰는 단어와 기본적인 어법을 사용할 수 있지만 종종 실수를 하고 말하는 속도가 약간 느리다.
	3	자기 자신과 관련된 화제 중에서도 자주 접하는 질문에 간단하게 대답할 수 있고 제한된 일상적인 화제에 대해서 아주 간단한 단어와 기초적인 어법에 맞춰 구성한 간단한 문장으로 다른 사람과 대화할 수 있다. 발음과 성조가 부정확하고 어휘가 부족할 수 있다.
초급	2	자신과 밀접하게 관련된 화제 중에서도 자주 접하는 질문에 대해서는 간단하게 대답할 수 있다. 학습한 단어와 구를 이용하여 제한적이고 기초적인 의사 소통이 가능하지만 이 수준을 꾸준히 유지하지 못하며 어법 지식과 어휘도 상당히 부족하다.
	1	이름, 나이 등 자신과 밀접하게 관련된 질문과 간단한 인사말만 겨우 말할 수 있으며, 암기한 단어와 짧은 구 등 극히 한정된 표현으로만 아주 간단하게 대답할 수 있는 정도의 수준이다.

목 차
CONTENTS

머리말
이 책의 구성과 특징
TSC시험에 대해 알아보자
TSC 시험과 문항 수
TSC 등급

① 소개 ………………………………… 13

② 동작 ………………………………… 25

③ 음식 ………………………………… 37

④ 직장 ………………………………… 61

⑤ 학습 ………………………………… 77

⑥ 쇼핑 ………………………………… 91

⑦ 서비스 ……………………………… 117

⑧ 운동 ………………………………… 131

⑨ 취미 ………………………………… 143

목 차
CONTENTS

- ⑩ 금액 ········· 157
- ⑪ 시간 ········· 165
- ⑫ 번호 ········· 187
- ⑬ 단위 ········· 197
- ⑭ 교통 ········· 205
- ⑮ 장소 ········· 217
- ⑯ 방향 ········· 227
- ⑰ 동물 ········· 237
- ⑱ 날씨 / 계절 ········· 245
- ⑲ 인사 ········· 257

- ⑳ 축하 / 칭찬 ······ 267
- ㉑ 위로 ······ 277
- ㉒ 도움 / 감사 ······ 285
- ㉓ 감정 ······ 291
- ㉔ 환경 ······ 307
- ㉕ 교육 ······ 321
- ㉖ 미디어 ······ 329
- ㉗ 이슈 ······ 339
- ㉘ 양사 ······ 353
- ㉙ 기타 ······ 363

01 소개

제1부분은 자기 소개부터 시작이 된다

만남에서 가장 중요한 첫인상과 같기 때문에 정확한 발음과 성조로 말해야 한다. 이름, 생년월일, 가족과 소속기관에 대해 이야기한다. 제1부분의 경우 평가에 들어가지 않지만 가장 중요한 자기 소개이기 때문에 정확한 발음으로 말해야 한다.

Key Point

① 자기 소개 어순

주어 + 叫[jiào] + 이름 ╱ 주어 + 姓[xìng] + 성 , 叫[jiào] + 이름

② 생년월일 소개 어순

주어 + 是[shì] + 생년월일 + 的[de]

③ 가족 소개 어순

我家[wǒjiā] + 有[yǒu] + 숫자 + 口人[kǒurén]
가족 구성원 소개 (爸爸, 妈妈和我)

④ 소속 소개 어순

주어 + 회사명 + 工作[gōngzuò]

핵심 표현

① 你叫什么名字?
Nǐ jiào shénme míngzi?
당신의 이름은 무엇인가요?

② 请说出你的出生年月日。
Qǐng shuō chū nǐ de chūshēng nián yuè rì.
당신의 생년월일을 말하세요.

③ 你家有几口人?
Nǐ jiā yǒu jǐ kǒu rén?
당신은 몇 식구인가요?

④ 你在什么地方工作? 或者你在哪个学校上学?
Nǐ zài shénme dìfang gōngzuò? huòzhě nǐ zài nǎge xuéxiào shàngxué?
당신은 어디서 일하나요?
혹은 어느 학교에 다니나요?

01 我 wǒ
대 나

我是韩国人。
Wǒ shì Hánguórén.
저는 한국인입니다.

02 叫 jiào
동 부르다

你叫什么名字?
Nǐ jiào shénme míngzi?
당신은 이름이 무엇인가요?

03 什么 shénme
의 무엇

这是什么东西?
Zhè shì shénme dōngxi?
이것은 무슨 물건인가요?

04 名字 míngzi
명 이름

你叫什么名字来者?
Nǐ jiào shénme míngzi láizhe?
당신 이름이 무엇이라고 했죠?

05 姓 xìng
명 성

您贵姓?
Nín guì xìng?
당신의 성은요?

06 说 shuō
동 말하다

你会说汉语吗?
Nǐ huì shuō Hànyǔ ma?
당신은 중국어를 말할 줄 아시나요?

07 出生 chūshēng
동 출생하다

你是什么时候出生的?
Nǐ shì shénme shíhou chūshēng de?
당신은 언제 태어났습니까?

08 几 jǐ
의 몇

你家有几口人?
Nǐ jiā yǒu jǐ kǒu rén?
가족이 몇 식구인가요?

09 口 kǒu
양 입, 식구를 세는 양사

我家有三口人。
Wǒ jiā yǒu sān kǒu rén.
저희 집은 세 식구가 있습니다.

10 人 rén
명 사람

你是韩国人吗?
Nǐ shì Hánguórén ma?
당신은 한국인입니까?

11 和 hé
개 ~와

我家有爸爸，妈妈和我。
Wǒ jiā yǒu bàba, māma hé wǒ.
저희 집에는 아빠, 엄마 그리고 제가 있습니다.

12 地方 dìfang
명 장소

你在什么地方工作?
Nǐ zài shénme dìfang gōngzuò?
당신은 어디에서 일하십니까?

13 工作 gōngzuò
동 명 (일)하다

我在三星公司工作。
Wǒ zài Sānxīng gōngsī gōngzuò.
저는 삼성에서 일합니다.

14 部门 bùmén
명 부서

我在三星公司的购买部门工作。
Wǒ zài Sānxīng gōngsī de gòumǎi bùmén gōngzuò.
저는 삼성의 구매부에서 일합니다.

15 爱人 àiren
명 배우자

她是我爱人。
Tā shì wǒ àiren.
그녀는 저의 배우자입니다.

16 妻子 qīzi
명 부인

她是我的妻子
Tā shì wǒ de qīzi.
그녀는 저의 아내입니다.

17

爸爸 bàba
명 아빠

你爸爸做什么工作?
Nǐ bàba zuò shénme gōngzuò?
당신의 아버지는 무슨 일을 하시나요?

18

妈妈 māma
명 엄마

我妈妈做家务。
Wǒ māma zuò jiāwù.
저희 엄마는 집안일을 합니다.

19

爷爷 yéye
명 할아버지

爷爷在干什么?
Yéye zài gàn shénme?
할아버지는 무엇을 하고 있나요?

20

奶奶 nǎinai
명 할머니

奶奶在做什么?
Nǎinai zài zuò shénme?
할머니는 무엇을 하고 있나요?

21

哥哥 gēge
명 형

哥哥正在做什么?
Gēge zhèngzài zuò shénme?
형은 무엇을 하고 있나요?

22

姐姐 jiějie
명 누나, 언니

姐姐在做什么?
Jiějie zài zuò shénme?
누나는 무엇을 하고 있나요?

23

妹妹 mèimei
명 여동생

妹妹是学生吗?
Mèimei shì xuésheng ma?
여동생은 학생인가요?

24

弟弟 dìdi
명 남동생

弟弟是大学生。
Dìdi shì dàxuéshēng.
남동생은 대학생입니다.

25 儿子 érzi
명 아들

你的儿子几岁？
Nǐ de érzi jǐ suì?
당신의 아들은 몇 살인가요?

26 女儿 nǚér
명 딸

我的女儿今年五岁。
Wǒ de nǚér jīnnián wǔ suì.
제 딸은 올해 다섯 살입니다.

27 孩子 háizi
명 아이

孩子在哪儿？
Háizi zài nǎr?
아이는 어디에 있나요?

28 先生 xiānsheng
명 아저씨, 선생님(성인 남자 지칭)

金先生明天要来的。
Jīn xiānsheng míngtiān yào lái de.
김선생님은 내일 올 것이다.

29 叔叔 shūshu
명 삼촌

叔叔在家吗?
Shūshu zài jiā ma?
삼촌은 집에 있나요?

30 兄弟姐妹 xiōngdìjiěmèi
명 형제 자매

你有兄弟姐妹吗?
Nǐ yǒu xiōngdìjiěmèi ma?
당신은 형제 자매가 있나요?

合适[héshì] VS 适合[shìhé]

合适과 适合은 의미는 모두 '적합하다, 적당하다, 알맞다'라는 의미이다. 의미는 같지만 품사의 차이가 있기 때문에 문법적으로 약간의 차이가 있다.
合适는 형용사이기 때문에 목적어를 취할 수 없다.
适合는 동사이기 때문에 목적어를 취할 수 있다.
그렇기 때문에 쓰임에 있어서 잘 사용해야 문법석으로니 의미 전달에 올바르게 사용할 수 있다.

合适(형용사)+人(×) ▶ 对+人+合适

- 这件衣服对你很合适。 이 옷은 너한테 어울린다.
  Zhè jiàn yīfu duì nǐ hěn héshì.

- 这双鞋对她很合适。 이 신발은 그녀에게 어울린다.
  Zhè shuāng xié duì tā hěn héshì.

适合(동사)+人(○)

- 这件衣服适合你。 이 옷은 너한테 어울린다.
  Zhè jiàn yīfu shìhé nǐ.

- 红色比较适合他。 빨간색은 그에게 어울린다.
  Hóngsè bǐjiào shìhé tā.

02 동작

동작을 묻는 질문에 대해 알아본다

문장의 핵심은 술어, 무엇을 하는지에 대한 동작을 묘사하는 부분이다. 제2부분에서 동작을 묻는 질문이 가장 많이 나오는 부분이기 때문에 동작 관련 동사에 대해서는 빠짐없이 익혀서 대답을 할 수 있어야 한다.

Key Point

正[zhèng], 正在[zhèngzài], 在[zài] 차이

세 단어 모두 진행의 형태를 나타낸다.
正은 '~ 하고 있다'라는 부사로 동작의 진행을 주로 강조한다. 在는 '그 상태에 있다'를 나타내는 부사로 상태를 주로 강조한다. 正在는 둘 다 포함하고, 보통 뒤에 呢를 많이 붙인다.

예를 들면

- 他们正在听音乐呢。 그들은 음악을 듣고 있습니다.
  Tāmen zhèngzài tīng yīnyuè ne.
  이 경우는 음악을 듣고 있는 동작과 상태를 계속 지속한다.

- 他在休息呢。 그는 휴식 중입니다.
  Tā zài xiūxī ne.
  이것은 쉬고 있는 상태를 더 강조한다.

- 现在外边正下雨呢。 현재 바깥에는 비가 내리고 있습니다.
  Xiànzài wàibiān zhèng xiàyǔ ne.
  이 경우 밖에 비가 지속적으로 내리고 있다는 동작을 더 강조한다.

핵심 표현

① 他在干什么?
Tā zài gàn shénme?
그는 무엇을 하고 있나요?

② 她在做什么呢?
Tā zài zuò shénme ne?
그녀는 무엇을 하고 있지요?

③ 男的正在干什么?
Nánde zhèngzài gàn shénme?
남자는 무엇을 하고 있나요?

④ 他一边喝咖啡一边干什么?
Tā yìbiān hē kāfēi yìbiān gàn shénme?
그는 커피를 마시면서 무엇을 하나요?

31 看 kàn
동 보다

他在看报纸。
Tā zài kàn bàozhǐ.
그는 신문을 보고 있습니다.

32 听 tīng
동 듣다

我喜欢听音乐。
Wǒ xǐhuan tīng yīnyuè.
저는 음악 듣는 것을 좋아합니다.

33 写 xiě
동 쓰다

他在写汉字。
Tā zài xiě hànzì.
그는 한자를 쓰고 있습니다.

34 说 shuō
동 말하다

我说汉语说得不好。
Wǒ shuō Hànyǔ shuō de bù hǎo.
저는 중국어를 잘 못합니다.

35 读 dú
동 읽다, 공부하다

我妹妹现在在中国读书。
Wǒ mèimei xiànzài zài Zhōngguó dúshū.
제 여동생은 현재 중국에서 공부하고 있습니다.

36 走 zǒu
동 가다, 걷다

我们走着去吧。
Wǒmen zǒuzhe qù ba.
우리 걸어서 갑시다.

37 去 qù
동 가다

你去哪儿?
Nǐ qù nǎr?
당신은 어디 가세요?

38 做 zuò
동 하다

他正在做什么?
Tā zhèngzài zuò shénme?
그는 무엇을 하고 있나요?

39 干 gàn
동 하다

你在干什么?
Nǐ zài gàn shénme?
당신은 무엇을 하고 있나요?

40 打 dǎ
동 걸다, 때리다, (운동을)하다

他正在打电话。
Tā zhèngzài dǎ diànhuà.
그는 전화를 하고 있습니다.

41 吃 chī
동 먹다

他要吃什么?
Tā yào chī shénme?
그는 무엇을 먹으려고 하나요?

42 洗 xǐ
동 씻다

他在洗手吗?
Tā zài xǐshǒu ma?
그는 손을 씻고 있나요?

43 请问 qǐngwèn
동 묻겠습니다.

请问，我要去图书馆，怎么走?
Qǐngwèn, wǒ yào qù túshūguǎn, zěnme zǒu?
묻겠습니다. 제가 도서관에 가려고 하는데 어떻게 가나요?

44 打听 dǎtīng
동 물어보다, 알아보다

我打听一下。
Wǒ dǎtīng yíxià.
제가 좀 묻겠습니다.

45 打电话 dǎ diànhuà
동 전화를 걸다

他在打电话吗?
Tā zài dǎ diànhuà ma?
그는 전화를 하고 있나요?

46 家务 jiāwù
명 집안일

她在做家务。
Tā zài zuò jiāwù.
그녀는 집안일을 하고 있습니다.

47 买东西 mǎi dōngxi
동 물건을 사다

她要买什么东西?
Tā yào mǎi shénme dōngxi?
그녀는 무슨 물건을 사려고 하나요?

48 排队 páiduì
동 줄을 서다

他们为什么排队?
Tāmen wèishénme páiduì?
그들은 왜 줄을 서나요?

49 洗碗 xǐwǎn
동 설거지하다

她在家洗碗。
Tā zài jiā xǐwǎn.
그녀는 집에서 설거지합니다.

50 洗衣服 xǐ yīfu
동 옷을 빨다

他每天洗衣服。
Tā měitiān xǐ yīfu.
그는 매일 빨래를 합니다.

51 洗澡 xǐzǎo
동 샤워하다

他一边洗澡，一边唱歌。
Tā yìbiān xǐzǎo, yìbiān chànggē.
그는 샤워하면서, 노래를 합니다.

52 洗手 xǐshǒu
동 손을 씻다

他在洗手间洗手。
Tā zài xǐshǒujiān xǐshǒu.
그는 화장실에서 손을 씻습니다.

53 洗脸 xǐliǎn
동 얼굴을 씻다

他在洗脸。
Tā zài xǐliǎn.
그는 얼굴을 씻고 있습니다.

54 打扫 dǎsǎo
동 청소하다

他在房间打扫。
Tā zài fángjiān dǎsǎo.
그는 방에서 청소를 합니다.

TSC 단어장 1000 | 33

55 刷牙 shuāyá
동 양치를 하다

女孩子在刷牙。
Nǚ háizi zài shuāyá.
여자아이가 양치를 하고 있습니다.

56 作业 zuòyè
명 숙제

他在家里做作业。
Tā zài jiā lǐ zuò zuòyè.
그는 집에서 숙제를 합니다.

57 做菜 zuòcài
동 요리를 하다

他喜欢做菜。
Tā xǐhuan zuòcài.
그는 요리하는 것을 좋아합니다.

58 起床 qǐchuáng
동 일어나다

他每天六点起床。
Tā měitiān liù diǎn qǐchuáng.
그는 매일 6시에 일어난다.

59 睡觉 shuìjiào
동 잠자다

你一般几点睡觉?
Nǐ yìbān jǐ diǎn shuìjiào?
당신은 보통 몇 시에 주무시나요?

60 聊天儿 liáotiānr
동 수다를 떨다

我们一边喝咖啡，一边聊天儿吧。
Wǒmen yìbiān hē kāfēi, yìbiān liáotiānr ba.
우리 커피 마시면서, 수다를 떱시다.

61 点菜 diǎncài
동 주문하다

服务员，我们点菜吧。
Fúwùyuán, wǒmen diǎncài ba.
종업원, 우리 주문할게요.

이것만은 헷갈리지 말자

같은 발음이지만 성조가 다르면 다른 의미를 가진다.
특히 구어시험인 TSC에서 성조가 틀리면 다른 의미가 되기 때문에 정확한 성조로 발음을 해야 한다.

北京 [Běijīng] 베이징

- 我去北京。 저는 북경에 갑니다.
  Wǒ qù Běijīng.

- 我要去北京。 저는 북경에 가려고 합니다.
  Wǒ yào qù Běijīng.

- 我想去北京。 저는 북경에 가고 싶습니다.
  Wǒ xiǎng qù Běijīng.

- 你去北京吗? 당신은 북경에 갑니까?
  Nǐ qù Běijīng ma?

背景 [bèijǐng] 배경

- 照片的背景是学校。 사진의 배경은 학교입니다.
  Zhàopiàn de bèijǐng shì xuéxiào.

- 这照片的背景挺好的。 이 사진의 배경은 너무 좋습니다.
  Zhè zhàopiàn de bèijǐng tǐng hǎo de.

- 拍哪个背景照片? 어떤 배경으로 사진 찍어요?
  Pāi nǎ ge bèijǐng zhàopiàn?

- 用北京站这三个字当背景吧。 북경역 이 세 글자를 이용해서 배경으로 하자.
  Yòng Běijīng zhàn zhè sān ge zì dāng bèijǐng ba.

03 음식

음식의 종류와
식당에서
사용가능한
단어를
익혀본다

음식과 관련된 문제는 제3부분에서 가장 많이 나오는 유형이다.
어떤 음식을 좋아하는지와 무엇을 먹을 것인지 묻거나, 식당에서 주문을 하거나 음식의 맛을 평가하는 문제들도 비교적 많이 출제되기 때문에 활용도가 높은 음식 관련 단어에 대해서는 꼭 익혀두자.

Key Point

① 자신이 좋아하는 음식을 정하자.

중국요리를 물어보면 北京烤鸭[Běijīng kǎoyā] – 북경오리
한국요리를 물어보면 烤肉[kǎoròu] – 불고기
중국요리 혹은 한국요리 중에 무엇을 좋아하냐고 물어보면
반대의 요리를 대답을 하자.

② 식당에서의 관련 어휘

菜单[càidān] 메뉴판
点菜[diǎncài] 주문하다
买单[mǎidān] 계산서
名单[míngdān] 명단

③ 물건을 포장할 때

请把剩下菜打包一下。
Qǐng bǎ shèngxià cài dǎbāo yíxià.
남은 음식을 포장해 주세요.

핵심 표현

① 你想吃什么?
Nǐ xiǎng chī shénme?
당신은 무엇을 드시고 싶나요?

② 你想喝茶还是喝咖啡?
Nǐ xiǎng hē chá háishi hē kāfēi?
당신은 차를 마시겠어요? 아니면 커피를 마시겠어요?

③ 你喜欢吃什么菜?
Nǐ xǐhuan chī shénme cài?
당신은 어떤 요리를 좋아하나요?

④ 您预定了吗?
Nín yùdìng le ma?
예약하셨나요?

⑤ 我昨天晚上预定了, 有没有名单?
Wǒ zuótiān wǎnshang yùdìng le, yǒuméiyou míngdān?
저는 어제 저녁에 예약을 했습니다. 명단에 없나요?

62 吃饭 chī fàn
동 밥 먹다

我们一起吃饭吧。
Wǒmen yìqǐ chī fàn ba.
우리 같이 밥 먹어요.

63 面条 miàntiáo
명 국수

我不喜欢面条。
Wǒ bù xǐhuan miàntiáo.
저는 국수를 좋아하지 않습니다.

64 面包 miànbāo
명 빵

有时候，吃面包。
Yǒu shíhou, chī miànbāo.
어떨 때는 빵을 먹습니다.

65 蛋糕 dàngāo
명 케이크

他们要吃一块蛋糕.
Tāmen yào chī yí kuài dàngāo.
그들은 한 조각의 케이크를 먹으려고 합니다.

66 水果 shuǐguǒ
명 과일

你喜欢什么水果?
Nǐ xǐhuan shénme shuǐguǒ?
당신은 어떤 과일을 좋아하나요?

67 西瓜 xīguā
명 수박

我特别喜欢西瓜。
Wǒ tèbié xǐhuan xīguā.
저는 특히 수박을 좋아합니다.

68 苹果 píngguǒ
명 사과

我不喜欢苹果。
Wǒ bù xǐhuan píngguǒ.
저는 사과를 좋아하지 않습니다.

69 香蕉 xiāngjiāo
명 바나나

香蕉很甜。
Xiāngjiāo hěn tián.
바나나는 답니다.

70

草莓 cǎoméi
명 딸기

草莓又酸又甜。
Cǎoméi yòu suān yòu tián.
딸기는 시면서 답니다.

71

蓝莓 lánméi
명 블루베리

你吃过蓝莓吗?
Nǐ chīguo lánméi ma?
블루베리를 드셔본 적이 있나요?

72

葡萄 pútáo
명 포도

葡萄很好吃。
Pútáo hěn hǎochī.
포도는 맛있습니다.

73

橘子 júzi
명 귤

我喜欢吃橘子。
Wǒ xǐhuan chī júzi.
저는 귤 먹는 것을 좋아합니다.

74 鸡蛋 jīdàn
명 달걀

我喜欢吃鸡蛋。
Wǒ xǐhuan chī jīdàn.
저는 달걀 먹는 것을 좋아합니다.

75 烤肉 kǎoròu
명 불고기

我最喜欢的韩国菜是烤肉。
Wǒ zuì xǐhuan de Hánguócài shì kǎoròu.
제가 가장 좋아하는 한국요리는 불고기입니다.

76 猪肉 zhūròu
명 돼지고기

你喜欢猪肉吗?
Nǐ xǐhuan zhūròu ma?
당신은 돼지고기를 좋아하시나요?

77 牛肉 niúròu
명 쇠고기

我喜欢牛肉。
Wǒ xǐhuan niúròu.
저는 쇠고기를 좋아합니다.

78 鸡肉 jīròu
명 닭고기

中国人喜欢鸡肉。
Zhōngguórén xǐhuan jīròu.
중국인은 닭고기를 좋아합니다.

79 辣 là
형 맵다

你能吃辣的菜吗?
Nǐ néng chī là de cài ma?
당신은 매운 요리를 먹을 수 있나요?

80 咸 xián
형 짜다

这个菜怎么这么咸。
Zhège cài zěnme zhème xián?
이 요리는 왜 이렇게 짜죠?

81 酸 suān
형 시다

我很怕酸的东西。
Wǒ hěn pà suān de dōngxi.
저는 신 음식을 좋아하지 않습니다.

82

甜 tián
- 형 달다

这个水果很甜。
Zhège shuǐguǒ hěn tián.
이 과일은 답니다.

83

苦 kǔ
- 형 쓰다

味道有点儿苦。
Wèidao yǒudiǎnr kǔ.
맛이 좀 씁니다.

84

冰 bīng
- 명 얼음

请给我冰水。
Qǐng gěi wǒ bīng shuǐ.
저에게 얼음물을 주세요.

85

清淡 qīngdàn
- 형 담백하다

我们的菜要清淡一点儿。
Wǒmen de cài yào qīngdàn yìdiǎnr.
우리 요리는 좀 담백해져야 해.

86

油膩 yóunì
형 기름지다

你做的菜有点儿油腻。
Nǐ zuò de cài yǒudiǎnr yóunì.
당신이 만든 요리는 좀 느끼해요.

87

蔬菜 shūcài
명 야채

吃蔬菜有利于身体健康。
Chī shūcài yǒu lìyú shēntǐ jiànkāng.
채소를 먹으면 건강에 좋습니다.

88

海鲜 hǎixiān
명 해산물

我昨天去市场买了新鲜海鲜。
Wǒ zuótiān qù shìchǎng mǎile xīnxiān hǎixiān.
저는 어제 저녁에 시장에 가서 신선한 해산물을 샀어요.

89

韩国菜 Hánguócài
명 한국요리

他特别喜欢韩国菜。
Tā tèbié xǐhuan Hánguócài.
그는 한국요리를 매우 좋아합니다.

90

汤 tāng
명 탕

韩国人过生日的时候喜欢吃海带汤。
Hánguórén guò shēngrì de shíhou xǐhuan chī hǎidàitāng.
한국인은 생일을 보낼 때 미역국 먹는 것을 좋아해요.

91

泡菜 pàocài
명 김치

韩国的传统菜是泡菜。
Hánguó de chuántǒng cài shì pàocài.
한국의 전통요리는 김치입니다.

92

泡菜汤 pàocàitāng
명 김치찌개

我吃饭的时候，常吃泡菜汤。
Wǒ chīfàn de shíhou, cháng chī pàocàitāng.
저는 밥 먹을 때, 자주 김치찌개를 먹어요.

93

酱汤 jiàngtāng
명 된장찌개

韩国人都喜欢酱汤。
Hánguórén dōu xǐhuan jiàngtāng.
한국인은 모두 된장찌개를 좋아합니다.

94 鸡胸 jīxiōng
명 닭 가슴살

我要减肥吃鸡胸。
Wǒ yào jiǎnféi chī jīxiōng.
저는 다이어트하려고 닭 가슴살을 먹습니다.

95 五花肉 wǔhuāròu
명 삼겹살

我们点五花肉吧。
Wǒmen diǎn wǔhuāròu ba.
우리 삼겹살 주문해요.

96 生鱼片 shēngyúpiàn
명 회

中国人一般不喜欢吃生鱼片。
Zhōngguórén yìbān bù xǐhuan chī shēngyúpiàn.
중국인은 일반적으로 회를 좋아하지 않습니다.

97 拌饭 bànfàn
명 비빔밥

我们吃拌饭吧。
Wǒmen chī bànfàn ba.
우리 비빔밥 먹어요.

98 水饺 shuǐjiǎo
명 물만두

水饺一碗多少钱?
Shuǐjiǎo yì wǎn duōshao qián?
물만두 한 접시에 얼마에요?

99 饺子 jiǎozi
명 만두

中国北方人过年时，家家户户都包饺子。
Zhōngguó Běifāngrén guònián shí, jiājiā hùhù dōu bāo jiǎozi.
중국 북방인은 새해를 맞을 때, 집집마다 모두 만두를 빚습니다.

100 米饭 mǐfàn
명 쌀밥, 밥

我早上一般不吃米饭。
Wǒ zǎoshang yìbān bù chī mǐfàn.
저는 아침에 보통 밥을 먹지 않습니다.

101 饭盒 fànhé
명 도시락

我每天带饭盒上班。
Wǒ měitiān dài fànhé shàngbān.
저는 매일 도시락을 싸서 출근합니다.

102 香菜 xiāngcài
명 고수, 시앙차이

请不要放香菜。
Qǐng búyào fàng xiāngcài.
시앙차이를 넣지 말아주세요.

103 中国菜 Zhōngguócài
명 중국요리

我最喜欢的中国菜是北京烤鸭。
Wǒ zuì xǐhuan de Zhōngguócài shì Běijīng kǎoyā.
제가 가장 좋아하는 중국요리는 북경오리입니다.

104 北京烤鸭 Běijīng kǎoyā
명 북경오리

我们到全聚德尝尝真正的北京烤鸭。
Wǒmen dào quánjùdé chángchang zhēnzhèng de Běijīng kǎoyā.
우리는 진정한 북경오리를 맛보려고 취엔쥐더에 갔다.

105 麻婆豆腐 mápódòufu
명 마파두부

你吃过麻婆豆腐吗?
Nǐ chīguo mápódòufu ma?
당신은 마파두부를 드셔 본 적이 있나요?

106

蛋炒饭 dànchǎofàn
명 달걀 볶음밥

他做的蛋炒饭很好吃。
Tā zuò de dànchǎofàn hěn hǎochī.
그가 요리한 달걀 볶음밥은 맛있습니다.

107

羊肉串 yángròuchuàn
명 양꼬치

我昨天吃了羊肉串。
Wǒ zuótiān chīle yángròuchuàn.
저는 어제 양꼬치를 먹었습니다.

108

宫保鸡丁 gōngbǎojīdīng
명 꽁빠오지띵

宫保鸡丁又酸又甜。
Gōngbǎojīdīng yòu suān yòu tián.
꽁빠오지띵은 시큼하면서 답니다.

109

鱼香肉丝 yúxiāngròusī
명 위시앙로쓰

很多的韩国人喜欢鱼香肉丝。
Hěn duō de Hánguórén xǐhuan yúxiāngròusī.
많은 한국인들은 위시앙로쓰를 좋아합니다.

110 饮料 yǐnliào
명 음료

你要喝什么饮料?
Nǐ yào hē shénme yǐnliào?
당신은 무슨 음료를 원하시나요?

111 可乐 kělè
명 콜라

我要喝一杯可乐。
Wǒ yào hē yì bēi kělè.
저는 콜라 한 잔을 원합니다.

112 汽水 qìshuǐ
명 사이다

你要喝汽水还是喝可乐?
Nǐ yào hē qìshuǐ háishi hē kělè?
당신은 사이다를 마실래요 아니면 콜라를 마실래요?

113 喝茶 hē chá
동 차 마시다

我喜欢喝茶。
Wǒ xǐhuan hē chá.
저는 차 마시는 것을 좋아합니다.

114 喝酒 hē jiǔ
동 술 마시다

我们下班后，喝一杯酒吧。
Wǒmen xiàbān hòu, hē yì bēi jiǔ ba.
우리 퇴근 후에 술 한 잔 마셔요.

115 咖啡 kāfēi
명 커피

我喜欢美式咖啡。
Wǒ xǐhuan měishì kāfēi.
저는 아메리카노 커피를 좋아합니다.

116 矿泉水 kuàngquánshuǐ
명 광천수

我每天喝一瓶矿泉水。
Wǒ měitiān hē yì píng kuàngquánshuǐ.
저는 매일 광천수 한 병을 마십니다.

117 牛奶 niúnǎi
명 우유

我喝一杯牛奶。
Wǒ hē yì bēi niúnǎi.
저는 우유 한 잔을 마십니다.

118 果汁 guǒzhī
명 과일주스

你要喝果汁吗?
Nǐ yào hē guǒzhī ma?
당신은 과일주스를 마시려고 하나요?

119 啤酒 píjiǔ
명 맥주

我们喝一瓶啤酒吧。
Wǒmen hē yì píng píjiǔ ba.
우리 맥주 한 병 마셔요.

120 扎啤 zhāpí
명 생맥주

我们喝扎啤吧。
Wǒmen hē zhāpí ba.
우리 생맥주 마셔요.

121 口味 kǒuwèi
명 맛

这个跟你的口味合适吗?
Zhège gēn nǐ de kǒuwèi héshì ma?
이것은 당신의 입맛에 맞으시나요?

122 好吃 hǎochī
형 맛있다

你做的菜很好吃。
Nǐ zuò de cài hěn hǎochī.
당신이 만든 요리는 매우 맛있습니다.

123 好喝 hǎohē
형 (음료가) 맛있다

这瓶果汁很好喝。
Zhè píng guǒzhī hěn hǎohē.
이 과일 주스는 맛있습니다.

124 新鲜 xīnxiān
형 신선하다

那个水果很新鲜。
Nàge shuǐguǒ hěn xīnxiān.
그 사과는 신선합니다.

125 菜单 càidān
명 메뉴판

请给我菜单。
Qǐng gěi wǒ càidān.
메뉴판을 주세요.

126 快餐 kuàicān
명 패스트푸드점

没有时间的时候吃快餐。
Méiyou shíjiān de shíhou chī kuàicān.
시간이 없을 때 패스트푸드점에서 먹습니다.

127 白酒 báijiǔ
명 백주

我喝过白酒。
Wǒ hēguo báijiǔ.
저는 백주를 마셔본 적이 있습니다.

128 热狗 règǒu
명 핫도그

小孩子喜欢吃热狗。
Xiǎo háizi xǐhuan chī règǒu.
아이는 핫도그 먹는 것을 좋아합니다.

129 炸鸡 zhájī
명 치킨

我要一份原味炸鸡和可口可乐。
Wǒ yào yí fèn yuánwèi zhájī hé kěkǒukělè.
저는 프라이드 치킨과 코카콜라를 원합니다.

130 汉堡包
hànbǎobāo
명 햄버거

我要一个汉堡包。
Wǒ yào yí ge hànbǎobāo.
저는 햄버거를 원합니다.

131 饼干
bǐnggān
명 과자

这个饼干真香。
Zhège bǐnggān zhēn xiāng.
이 과자는 정말 향기롭네요.

132 巧克力
qiǎokèlì
명 초콜릿

情人节时，女生送巧克力给喜欢的男孩子。
Qíngrénjiē shí, nǚshēng sòng qiǎokèlì gěi xǐhuan de nán háizi.
발렌타인데이 때, 여자들은 좋아하는 남자에게 초콜릿을 준다.

133 方便面
fāngbiànmiàn
명 컵라면

我有点儿饿，想煮方便面。
Wǒ yǒudiǎnr è, xiǎng zhǔ fāngbiànmiàn.
제가 좀 배고픈데, 컵라면을 먹고 싶어요.

134 点心 diǎnxin
명 간식

吃点儿点心吧。
Chī diǎnr diǎnxin ba.
간식을 좀 먹어요.

135 零食 língshí
명 간식

为了减肥，我不吃零食。
Wèile jiǎnféi, wǒ bù chī língshí.
다이어트를 위해 저는 간식을 먹지 않아요.

136 筷子 kuàizi
명 젓가락

他把筷子弄掉到地上了。
Tā bǎ kuàizi nòngdiào dào dìshang le.
그는 젓가락을 바닥에 떨어뜨렸다.

137 勺子 sháozi
명 수저

西方人用刀子和勺子吃饭。
Xīfāngrén yòng dāozi hé sháozi chī fàn.
서양인은 나이프와 스푼을 사용한다.

138

买单 mǎidān
명 계산서

请给我买单。
Qǐng gěi wǒ mǎidān.
저에게 계산서를 주세요.

139

清单 qīngdān
명 명세서

这是朋友给我的购物清单。
Zhè shì péngyou gěi wǒ de gòuwù qīngdān.
이것은 친구가 나에게 준 구매 명세서이다.

이것만은 헷갈리지 말자

양국, 즉 중국과 한국에서 같은 한자로 쓰이지만 의미는 서로 다른 경우가 있다. 그렇기 때문에 확실히 알고 넘어가야 한다.
중국에서 学院은 단과대학이라는 의미가 있지만, 한국에서 学院은 보습학원, 학원을 의미한다.

学院[xuéyuàn] (단과)대학

중국어로 学院은 '단과대학'이라는 의미를 가진다. 한국에는 학원(學院)도 있고, 보습학원(補習班)도 있다. 한국에서 학원은 학교 설치 기준의 여러 조건을 갖추지 않은 사설 교육 기관을 의미하는 것이고, 보습학원은 재학생을 대상으로 보충 학습을 해 주는 사설 교육 기관을 의미한다.
결론을 말하면 중국에서 학원(學院)은 대학(大學)이라는 의미를 가진다. 중국어로 학원이라는 의미는 補習班[bǔxíbān]이라고 표현한다.

学院으로 표현법을 배워 보자.

· 你在哪个学院学习?
  Nǐ zài nǎge xuéyuàn xuéxí?
  당신은 어느 대학에서 공부하시나요?

· 我在学院学习中文的。
  Wǒ zài xuéyuàn xuéxí zhōngwén de.
  저는 대학에서 중국어를 공부하고 있습니다.

補習班으로 표현법을 배워 보자.

· 你在哪个補習班学习?
  Nǐ zài nǎge bǔxíbān xuéxí?
  당신은 어느 학원에서 공부하시나요?

· 我在补习班学习汉语。
  Wǒ zài bǔxíbān xuéxí hànyǔ.
  저는 학원에서 중국어를 공부합니다.

04 직장

직장과 관련된 질문에 대해 살펴본다

대부분의 사람들은 직장에서 많은 시간을 보낸다.
직장과 관련된 문제는 제3부분에서 자주 나오는 문제이기 때문에 꼼꼼히 살펴봐야 한다.

Key Point

직장 관련 Chapter에서 가장 자주 나오는 질문을 익히자.

① 자료 준비가 다 되었는지에 대한 여부

출장 준비 및 회의 준비와 관련하여 자료 준비가 되었는지에 대해 답변을 할 때 준비를 아직 하지 못했으며 바로 정리하여 준비가 되면 연락하겠다고 하면 된다.

② 회식 및 모임에 대한 질문

회식 및 모임에 참석 여부에 대한 답을 하면 된다. 보통은 일이 바쁘고, 출장 준비로 참석이 불가능하다고 하면 된다.
만약 참석을 한다고 했을 때 회식 메뉴는 뭐든 상관없다고 하면 되고, 상대방의 의견을 듣는다고 하면 된다.

③ 업무 및 보고서 관련하여 비난할 때

누군가가 잘못에 대해 비난을 하면 잘못했다고 인정을 하고, 그 부분에 대해 주의하겠다고 하면 된다.

핵심 표현

① 我下班的时候，我会给你打电话。
Wǒ xiàbān de shíhou, wǒ huì gěi nǐ dǎ diànhuà.
제가 퇴근할 때, 제가 전화 드릴게요.

② 你准备资料了吗?
Nǐ zhǔnbèi zīliào le ma?
당신은 자료 준비되었나요?

③ 你今天下午的会议能参加吗?
Nǐ jīntiān xiàwǔ de huìyì néng cānjiā ma?
당신 오늘 오후 회의 참가할 수 있나요?

④ 我明天去中国出差，所以要准备的资料很多。
Wǒ míngtiān qù Zhōngguó chūchāi, suǒyǐ yào zhǔnbèi de zīliào hěn duō.
저는 내일 중국 출장을 갑니다. 그래서 준비할 자료가 많습니다.

140 打工 dǎgōng
(동) 아르바이트하다

你在哪里打工?
Nǐ zài nǎlǐ dǎgōng?
당신은 어디에서 아르바이트하나요?

141 上班 shàngbān
(동) 출근하다

最近工作很忙，我星期天也上班。
Zuìjìn gōngzuò hěn máng, wǒ xīngqītiān yě shàngbān.
최근 일이 바빠서, 저는 일요일에도 출근합니다.

142 下班 xiàbān
(동) 퇴근하다

你今天能早点儿下班吗?
Nǐ jīntiān néng zǎodiǎnr xiàbān ma?
당신은 오늘 좀 일찍 퇴근할 수 있나요?

143 加班 jiābān
(동) 야근하다

看来今天晚上又要加班了。
Kànlái jīntiān wǎnshang yòu yào jiābān le.
보아하니 오늘 저녁에 또 야근해야 합니다.

144 开会 kāihuì
동 회의를 열다

我们明天10点开会。
Wǒmen míngtiān shí diǎn kāihuì.
우리들은 내일 10시에 회의를 합니다.

145 会议 huìyì
명 회의

你知道会议几点开始?
Nǐ zhīdào huìyì jǐ diǎn kāishǐ?
당신은 회의가 몇 시에 시작하는지 아시나요?

146 会议室 huìyìshì
명 회의실

会议室在洗手间旁边。
Huìyìshì zài xǐshǒujiān pángbiān.
회의실은 화장실 옆쪽에 있습니다.

147 办公室 bàngōngshì
명 사무실

办公室里有三个人。
Bàngōngshì lǐ yǒu sān ge rén.
사무실 안에는 3명이 있습니다.

148 出差 chūchāi
동 출장가다

我经常去中国出差。
Wǒ jīngcháng qù Zhōngguó chūchāi.
저는 자주 중국 출장을 갑니다.

149 退休 tuìxiū
동 퇴직하다

他快要退休了。
Tā kuài yào tuìxiū le.
그는 곧 퇴직하려고 합니다.

150 辞职 cízhí
동 사직하다

听说你想辞职是真的吗?
Tīngshuō nǐ xiǎng cízhí shì zhēn de ma?
당신이 사직한다고 들었는데 맞나요?

151 同事 tóngshì
명 동료

我跟同事的关系很好。
Wǒ gēn tóngshì de guānxi hěn hǎo.
저는 동료와의 관계가 좋습니다.

152 工资 gōngzi
명 월급

我们公司每个月21号发工资。
Wǒmen gōngsī měige yuè èrshíyī hào fā gōngzī.
저희 회사는 매월 21일이 월급날입니다.

153 年薪 niánxīn
명 연봉

在这个公司，他的年薪最高。
Zài zhège gōngsī, tā de niánxīn zuì gāo.
이 회사에서 그의 연봉은 매우 높습니다.

154 资料 zīliào
명 자료

我要准备的资料很多。
Wǒ yào zhǔnbèi de zīliào hěn duō.
저는 준비해야 할 자료가 많습니다.

155 传真 chuánzhēn
명 팩스

你发给我们公司的传真，我已经收到了。
Nǐ fā gěi wǒmen gōngsī de chuánzhēn, wǒ yǐjīng shōudào le.
당신이 우리 회사에 보낸 팩스를 저는 이미 받았습니다.

156 复印机 fùyìnjī
명 복사기

这台复印机出了毛病。
Zhè tái fùyìnjī chūle máobìng.
이 복사기는 고장났습니다.

157 电脑 diànnǎo
명 컴퓨터

我昨天买了一台电脑。
Wǒ zuótiān mǎile yì tái diànnǎo.
저는 어제 컴퓨터 한 대를 샀습니다.

158 复印 fùyìn
명 복사

能帮我复印一下报告吗?
Néng bāng wǒ fùyìn yíxià bàogào ma?
보고서를 복사해 줄 수 있나요?

159 笔记本电脑 bǐjìběn diànnǎo
명 노트북

我想买一台笔记本电脑。
Wǒ xiǎng mǎi yì tái bǐjìběn diànnǎo.
저는 노트북 한 대를 사고 싶습니다.

160

炒鱿鱼 chǎo yóuyú
동 해고당하다

我被老板炒鱿鱼了。
Wǒ bèi lǎobǎn chǎo yóuyú le.
저는 사장에게 해고당했습니다.

161

升级 shēngjí
동 승진하다

我的老公升级当部长了。
Wǒ de lǎogōng shēngjí dāng bùzhǎng le.
제 남편은 부장으로 승진이 되었습니다.

162

升职 shēngzhí
동 승진하다

恭喜你升职!
Gōngxi nǐ shēngzhí!
승진을 축하합니다!

163

售货员 shòuhuòyuán
명 매표원

那家商店售货员的服务很好。
Nà jiā shāngdiàn shòuhuòyuán de fúwù hěn hǎo.
그 가게의 매표원은 서비스가 좋습니다.

164 报告 bàogào
명 보고서

这份报告有很多错误。
Zhè fèn bàogào yǒu hěn duō cuòwù.
이 보고서에는 많은 오류가 있습니다.

165 部门 bùmén
명 부서

我在采购部门工作。
Wǒ zài cǎigòu bùmén gōngzuò.
저는 구매부서에서 일합니다.

166 待遇 dàiyù
명 대우

现代社会男女待遇仍然不平等。
Xiàndài shèhuì nánnǚ dàiyù réngrán bù píngděng.
현대사회에서 남녀 평등은 여전히 불평등하다.

167 单位 dānwèi
명 부서

我换了一个新的工作单位。
Wǒ huànle yí ge xīn de gōngzuò dānwèi.
저는 새로운 부서로 바꿨습니다.

168 负责 fùzé
동 책임을 지다, 담당하다

我负责中国市场。
Wǒ fùzé Zhōngguó shìchǎng.
저는 중국시장을 담당하고 있습니다.

169 规定 guīdìng
명 동 규정(하다)

公司有明确的规定。
Gōngsī yǒu míngquè de guīdìng.
회사에는 명확한 규정이 있다.

170 行业 hángyè
명 업종

我们的行业有前途。
Wǒmen de hángyè yǒu qiántú.
우리 업종은 전도 유망하다.

171 录取 lùqǔ
동 채용되다

我通过考试录取公务员。
Wǒ tōngguò kǎoshì lùqǔ gōngwùyuán.
저는 공무원 시험을 통과해서 채용되었다.

172 收入 shōurù
명 수입

你每月收入有多少?
Nǐ měi yuè shōurù yǒu duōshao?
당신은 월 수입이 얼마인가요?

173 压力 yālì
명 스트레스

你最近的压力是什么?
Nǐ zuìjìn de yālì shì shénme?
당신은 최근 스트레스가 무엇인가요?

174 业务 yèwù
명 업무

他的业务能力非常强。
Tā de yèwù nénglì fēicháng qiáng.
그의 업무 능력은 매우 강하다.

175 招聘 zhāopìn
동 채용하다

我们公司每年都进行公开招聘。
Wǒmen gōngsī měi nián dōu jìnxíng gōngkāi zhāopìn.
우리 회사는 매년 공개 채용을 진행합니다.

176 职业 zhíyè
명 직업

你最理想的职业是什么？
Nǐ zuì lǐxiǎng de zhíyè shì shénme?
당신이 생각하는 가장 이상적인 직업은 무엇인가요?

177 生产 shēngchǎn
동 생산하다

我们公司生产各种电子零件。
Wǒmen gōngsī shēngchǎn gèzhǒng diànzǐ língjiàn.
우리 회사는 각종 전자 부품을 생산합니다.

178 聚会 jùhuì
명 모임

今天晚上7点有聚会。
Jīntiān wǎnshang qī diǎn yǒu jùhuì.
오늘 저녁 7시에 모임이 있습니다.

179 合同 hétóng
명 계약서

我终于和中国客户签定了合同。
Wǒ zhōngyú hé Zhōngguó kèhù qiāndìngle hétóng.
저는 결국 중국 고객과 계약을 체결했습니다.

180 调整 tiáozhěng
동 조정하다, 조절하다

请调整一下这个的价格。
Qǐng tiáozhěng yíxià zhège de jiàgé.
이 가격을 좀 조정해 주세요.

181 老板 lǎobǎn
명 사장

我的老板买新车了。
Wǒ de lǎobǎn mǎi xīn chē le.
저의 사장님은 새 차를 샀습니다.

182 经理 jīnglǐ
명 사장

李经理正在接受记者的采访。
Lǐ jīnglǐ zhèngzài jiēshòu jìzhě de cǎifǎng.
이 사장은 기자의 인터뷰를 받았습니다.

183 代理 dàilǐ
명 대리

他今年升级了代理。
Tā jīnnián shēngjíle dàilǐ.
그는 올해 대리로 승진했습니다.

184 部长 bùzhǎng
명 부장

我的朋友升职当部长了。
Wǒ de péngyou shēngzhí dāng bùzhǎng le.
저의 친구는 부장으로 승진했습니다.

185 公司职员 gōngsī zhíyuán
명 회사 직원

我爸爸是个公司职员。
Wǒ bàba shì ge gōngsī zhíyuán.
저의 아빠는 회사원입니다.

186 客户 kèhù
명 고객

他是我们公司的老客户。
Tā shì wǒmen gōngsī de lǎo kèhù.
그는 우리 회사의 단골입니다.

187 上班族 shàngbānzú
명 직장인

我是个上班族。
Wǒ shì ge shàngbānzú.
그는 직장인입니다.

有点儿'과 '一点儿'

'有点儿'과 '一点儿'을 설명하기 전에 품사에 대해서 먼저 알아볼 필요가 있다. '有点儿'의 경우는 부사어로서 서술어 앞에 위치하게 되고, '一点儿'의 경우 보어로서 서술어 뒤에 위치하게 된다.

(1) '有点儿'

부사로 부사어로 쓰인다. 일이 순조롭지 않거나 부정적인 기분을 나타낸다.

> '有点儿' + 형용사 / 동사

- 我有点儿紧张。 제가 좀 긴장했습니다.
  Wǒ yǒudiǎnr jǐnzhāng.
- 东西有点儿贵。 물건이 좀 비쌉니다.
  Dōngxi yǒudiǎnr guì.

(2) '一点儿'

수사+양사 구조로 관형어와 보어로 쓰이고, '一'을 생략하고 '点儿'로만 쓸 수 있다.

> 형용사 + '(一)点儿'

- 这件比那件贵一点儿。 이 옷은 그 옷보다 좀 비쌉니다.
  Zhè jiàn bǐ nà jiàn guì yìdiǎnr.
- 您说得慢一点儿。 당신 말씀을 좀 천천히 해주세요.
  Nín shuō de màn yìdiǎnr.

> 동사 + '(一)点儿' + 명사

- 桌子上有(一)点儿水。 책상 위에는 약간의 물이 있습니다.
  Zhuōzi shàng yǒu (yì)diǎnr shuǐ.
- 我今天买了(一)点儿菜。 저는 오늘 약간의 채소를 샀습니다.
  Wǒ jīntiān mǎile (yì)diǎnr cài.

05 학습

시험과 학습에
관련된 질문
중심으로
살펴본다

우리는 대다수의 시간을 학교에서 보낸다. 학습에 관련해서는 제3부분뿐만 아니라, 전체적으로 두루 출제되는 주제이다. 구체적으로 학습에 관련된 질문이 출제되기도 한다.

Key Point

① 중국어를 배우는 것 어떠냐고 묻는 질문

중국어를 배우는 것은 어렵다고 말하고, 특히 성조와 발음이 어렵지만 재미있다고 말하면 된다.

② 시험 준비 잘했냐는 질문

시험 준비를 잘 못했고, 밤을 새워 공부해야겠다고 말을 하면 된다.

③ 시험 잘 봤냐는 질문

시험을 잘 못봐서 힘들다고 한다.
그래서 다음 시험에 꼭 열심히 할 것이라고 말하면 된다.

④ 필기한 것을 보여 달라고 할 때

당연히 빌려주겠다고 하고, 대신 내일까지는 꼭 돌려 달라고 말을 하면 된다.

핵심 표현

① 你看我学汉语，怎么样？
Nǐ kàn wǒ xué hànyǔ, zěnmeyàng?
당신이 보기에 제가 중국어 배우는 건 어때요?

② 这次考试考得怎么样？
Zhècì kǎoshì kǎo de zěnmeyàng?
이번 시험 어떻게 봤어요?

③ 这次考试准备好了吗？
Zhècì kǎoshì zhǔnbèi hǎo le ma?
이번 시험 준비 잘했어요?

④ 你知道这本书是谁的吗？
Nǐ zhīdao zhè běn shū shì sheí de ma?
당신은 이 책이 누구 것인지 아세요?

188 学习
xuéxí
동 학습하다

我正在学习汉语。
Wǒ zhèngzài xuéxí Hànyǔ.
저는 중국어 공부를 하고 있습니다.

189 上课
shàngkè
동 수업하다

你几点上课?
Nǐ jǐ diǎn shàngkè?
당신은 몇 시에 수업을 하나요?

190 下课
xiàkè
동 수업이 끝나다

我六点下课。
Wǒ liù diǎn xiàkè.
저는 6시에 수업이 끝납니다.

191 做作业
zuò zuòyè
동 숙제를 하다

他一边做作业，一边听音乐。
Tā yìbiān zuò zuòyè, yìbiān tīng yīnyuè.
그는 숙제를 하면서, 음악을 듣습니다.

192

看书 kànshū
동 독서를 하다

我的爱好是看书。
Wǒ de àihào shì kànshū.
저의 취미는 독서입니다.

193

学汉语 xué Hànyǔ
동 중국어를 배우다

我学汉语学了一年。
Wǒ xué Hànyǔ xuéle yì nián.
저는 중국어를 1년 공부했습니다.

194

学英语 xué Yīngyǔ
동 영어를 배우다

我觉得学英语有点儿难。
Wǒ juéde xué Yīngyǔ yǒudiǎnr nán.
제 생각에 영어를 공부하는 것이 좀 어렵습니다.

195

考试 kǎoshì
명 시험

下星期就要考试了。
Xià xīngqī jiù yào kǎoshì le.
다음 주가 곧 시험입니다.

196 砸 zá
동 망치다

这次考试考砸了。
Zhècì kǎoshì kǎo zá le.
이번 시험 망쳤어요.

197 高考 gāokǎo
명 대학 입시

明天是高考的日子。
Míngtiān shì gāokǎo de rìzi.
내일은 대학 입시일입니다.

198 托业 tuōyè
명 토익

很多大学生都准备考托业。
Hěn duō dàxuéshēng dōu zhǔnbèi kǎo tuōyè.
많은 대학생들이 토익 시험을 준비합니다.

199 托福 tuōfú
명 토플

我听说你通过了托福考试。
Wǒ tīngshuō nǐ tōngguòle tuōfú kǎoshì.
제가 듣기에 당신이 토플 시험 합격했다고 들었어요.

200 努力 nǔlì
동 노력하다

我下次要努力学习。
Wǒ xiàcì yào nǔlì xuéxí.
저는 다음에 노력해서 공부하려고 합니다.

201 开夜车 kāiyèchē
동 (공부/일 때문에) 밤을 새다

今天晚上得开夜车。
Jīntiān wǎnshang děi kāiyèchē.
오늘 저녁에 밤 새야 합니다.

202 熬夜 áoyè
동 밤을 새다

我熬夜熬得眼睛都红了。
Wǒ áoyè áode yǎnjing dōu hóng le.
저는 밤 새서 눈이 빨개졌습니다.

203 复习 fùxí
동 복습하다

今天学过的东西要好好儿复习。
Jīntiān xuéguo de dōngxi yào hǎohāor fùxí.
오늘 배운 것은 복습을 잘해야 한다.

204 预习 yùxí
동 예습하다

预习都做了吗?
Yùxí dōu zuò le ma?
예습은 모두 잘했나요?

205 期中考试 qīzhōng kǎoshì
명 중간고사

快要期中考试了。
Kuài yào qīzhōng kǎoshì le.
곧 중간고사입니다.

206 期末考试 qīmò kǎoshì
명 기말고사

你期末考试准备好了吗?
Nǐ qīmò kǎoshì zhǔnbèi hǎo le ma?
당신은 기말고사 준비 잘했나요?

207 暑假 shǔjià
명 여름휴가

你暑假的时候, 有什么打算吗?
Nǐ shǔjià de shíhou, yǒu shénme dǎsuan ma?
당신은 여름휴가 때, 무슨 계획 있나요?

208 寒假 hánjià
명 겨울방학

我寒假的时候，要去中国旅行。
Wǒ hánjià de shíhou, yào qù Zhōngguó lǚxíng.
저는 겨울 휴가 때, 중국 여행을 가려고 합니다.

209 成绩 chéngjì
명 성적

我学习成绩有了很大的进步。
Wǒ xuéxí chéngjì yǒule hěn dà de jìnbù.
제 학업 성적은 많은 진보가 있었습니다.

210 词典 cídiǎn
명 사전

你把词典借给我吧。
Nǐ bǎ cídiǎn jiè gěi wǒ ba.
당신 사전을 저에게 빌려주세요.

211 辅导 fǔdǎo
동 과외 지도하다

她是我的辅导老师。
Tā shì wǒ de fǔdǎo lǎoshī.
그녀는 저의 과외 선생님입니다.

212 教育 jiàoyù
명 교육

对孩子来说，教育很重要。
Duì háizi lái shuō, jiàoyù hěn zhòngyào.
아이들에 대해 말하면, 교육은 중요합니다.

213 年级 niánjí
명 학년

你是几年级?
Nǐ shì jǐ niánjí?
당신은 몇 학년인가요?

214 教授 jiàoshòu
명 교수

他是我们学校新来的教授。
Tā shì wǒmen xuéxiào xīn lái de jiàoshòu.
그는 우리 학교에 새로 오신 교수님입니다.

215 老师 lǎoshī
명 선생님

我想当老师。
Wǒ xiǎng dāng lǎoshī.
저는 선생님이 되고 싶습니다.

216 硕士 shuòshì
명 석사

他拥有两个硕士学位。
Tā yōngyǒu liǎngge shuòshì xuéwèi.
그는 두 개의 석사 학위를 가지고 있습니다.

217 博士 bóshì
명 박사

他终于读完了博士学位。
Tā zhōngyú dú wánle bóshì xuéwèi.
그는 마침내 박사 학위를 마쳤습니다.

218 研究生 yánjiūshēng
명 대학원생

我考取了研究生。
Wǒ kǎoqǔle yánjiūshēng.
그는 대학원 시험에 합격했습니다.

219 补习班 bǔxíbān
명 학원

我在补习班学习汉语。
Wǒ zài bǔxíbān xuéxí Hànyǔ.
저는 학원에서 중국어를 공부했습니다.

220
学院 xuéyuàn
명 단과 대학

你是哪个学院毕业的?
Nǐ shì nǎge xuéyuàn bìyè de?
그는 어느 대학을 졸업했나요?

221
大学 dàxué
명 대학

他在北京大学读书。
Tā zài Běijīng dàxué dúshū.
그는 북경대학에서 공부합니다.

222
专业 zhuānyè
명 전공

我的专业是贸易系。
Wǒ de zhuānyè shì màoyì xì.
저의 전공은 무역학입니다.

223
入学 rùxué
명 입학

他在入学考试中获得了第一名。
Tā zài rùxué kǎoshì zhōng huòdéle dì-yīmíng.
그는 입학 시험에서 1등을 했습니다.

224 毕业　biyè
명·동 졸업(하다)

你是什么时候毕业的?
Nǐ shì shénme shíhou bìyè de.
당신은 언제 졸업했나요?

225 进步　jìnbù
동 진보하다

你的汉语在很多进步。
Nǐ de Hànyǔ zài hěn duō jìnbù.
당신의 중국어 말하기가 많은 진보가 있었습니다.

226 问题　wèntí
명 문제

我有很多问题。
Wǒ yǒu hěn duō wèntí.
저는 많은 문제가 있습니다.

이것만은 헷갈리지 말자

📝 합격 사례 (3급 취득)

저의 강의를 통해서 자신이 목표한 급수를 취득한 분들이 계셨고, 또한 원하는 급수를 취득하지 못한 분들도 있습니다.
그들의 차이점은 무엇일까요?
차이점은 아주 작은 것에서부터 시작됩니다.
대부분의 학생들은 발음과 성조가 부족한 경우가 많습니다.

수업 이외의 시간에 자신의 발음을 녹음하여 전달을 하면 틀린 발음에 대해서는 피드백을 해주는 방법으로 잘못된 발음을 교정을 하게 된다. 그러나 이러한 과정을 생략해 버리는 경우 대부분의 학습자들은 원하는 급수를 취득할 수 없습니다. 중국어는 감이 매우 중요하기 때문에 하루라도 조금씩 꼭 발음 연습을 해야 합니다.

학습자의 현황입니다.
처음 만났을 때 발음과 성조가 많이 부족했으며, 집중적으로 자주 틀리는 발음과 성조 연습을 했고, 3파트, 4파트 부분을 집중적으로 마인드맵으로 연습을 했습니다.

- ▶ 성함 : 박○○
- ▶ 직업 : 대기업
- ▶ 학습기간 : 2015년 7월 30일 ~ 2015년 9월 30일
- ▶ 이전 학습기간 : 학원에서 3개월 학습
- ▶ 수준 평가 : 발음과 성조가 전혀 확립이 되어 있지 않았음
- ▶ 수업 내용 : 발음과 성조를 집중적으로 학습을 했으며, 단어 결합시의 발음 방법, 문장에서의 발음 읽기 연습을 통해 자연스럽게 읽을 수 있게 했다.
- ▶ 수업 과제 : 매일 음성 녹음을 하여 잘못된 성조 발음을 수정
- ▶ 수업 시간 : 매주 2회 90분씩 수업
- ▶ 총평 : 저만의 강의 스타일도 있었겠지만 본인이 연습을 많이 했습니다. 특히 발음과 성조가 많이 변했고, 발음할 때 자연스러운 느낌을 주어서 듣기도 편했고 좋았습니다. 수업 후 하루 최소 2시간은 공부하는 시간을 확보하였고, 발음 수정이 많은 도움이 되었습니다.

06 쇼핑

쇼핑과 관련된 문제를 여러 상황으로 출제된다.

물건을 구매하고, 교환, 환불하는 상황부터 물건에 대한 불만과 친구에게 의견을 묻는 상황에 이르기까지 다양한 상황이 출제될 수 있다.
제3부분에서도 출제가 되지만 제6부분에서도 비슷한 상황의 유형이 출제되기 때문에 관련 단어를 익혀 보자.

Key Point

① 무엇을 살 것이냐고 물어볼 때

내일은 배우자 생일인데, 무엇을 사야 할지 모르겠다고 말하고, 상대에게 추천을 해달라고 하면 된다.

② 당신이 산 옷이 예쁘다라고 말할 때

어제가 본인의 생일이어서 배우자가 선물을 해줬다고 하면 된다.

③ 신용 카드와 현금 중에 무엇을 사용하는 것이 좋냐고 물을 때

신용 카드를 사용하는 것이 좋고, 장소에 따라 할인이 되거나 포인트를 적립할 수 있으며, 고액의 경우 할부도 가능하기 때문에 신용 카드를 쓰는 것이 편하다고 말을 한다.

④ 가격 흥정을 할 때

최대한 할인해 줄 수 있는 것에 대해 되물어보고, 그것이 불가능하다면 구매 갯수가 많아지면 할인이 가능한지에 대해 문의를 한다.
현금과 카드를 사용할 때 달라지는 것이 무엇인지에 대해서도 확인을 해야 한다.

핵심 표현

① 这双鞋不大不小很合适。
Zhè shuāng xié bú dà bù xiǎo hěn héshì.
이 신발은 크지도 작지도 않고 딱 맞습니다.

② 这件衣服跟你很合适。
Zhè jiàn yīfu gēn nǐ hěn héshì.
이 옷은 당신과 어울립니다.

③ 我不知道买点什么。
Wǒ bù zhīdào mǎi diǎn shénme.
저는 무엇을 사야 할지 모르겠습니다.

④ 您推荐一下，好吗?
Nín tuījiàn yíxià, hǎo ma?
추천 좀 해주시겠어요?

⑤ 什么时候能准备? 准备的时候，给我打电话。
Shénme shíhou néng zhǔnbèi? zhǔnbèi de shíhou, gěi wǒ dǎ diànhuà.
언제 준비가 가능하죠? 준비가 되면 전화 주세요.

227

买 mǎi
동 사다

你要买什么东西?
Nǐ yào mǎi shénme dōngxi?
당신은 무슨 물건을 사려고 하나요?

228

卖 mài
동 팔다

这个怎么卖?
Zhège zěnme mài?
이것은 어떻게 파나요?

229

衣服 yīfu
명 의복, 옷

这件衣服跟你很合适。
Zhè jiàn yīfu gēn nǐ hěn héshì.
이 옷은 당신과 어울립니다.

230

裙子 qúnzi
명 치마

我喜欢穿裙子。
Wǒ xǐhuan chuān qúnzi.
저는 치마 입는 것을 좋아합니다.

231 连衣裙 liányīqún
명 원피스

这条连衣裙适合你。
Zhè tiáo liányīqún shìhé nǐ.
이 원피스는 당신에게 어울립니다.

232 裤子 kùzi
명 바지

这条裤子看起来很不错。
Zhè tiáo kùzi kànqilái hěn búcuò.
이 바지는 보아하니 좋습니다.

233 牛仔裤 niúzǎikù
명 청바지

我穿牛仔裤很舒服。
Wǒ chuān niúzǎikù hěn shūfu.
저는 청바지를 입으면 편합니다.

234 大衣 dàyī
명 외투

今天很冷，要穿大衣。
Jīntiān hěn lěng, yào chuān dàyī.
오늘 추우니, 외투를 입어야 해요.

235 衬衫
chènshān
명 와이셔츠

这件衬衫很好看。
Zhè jiàn chènshān hěn hǎokàn.
이 와이셔츠는 예쁩니다.

236 毛衣
máoyī
명 스웨터

这件毛衣穿得很舒服。
Zhè jiàn máoyī chuān de hěn shūfu.
이 스웨터를 입으면 편합니다.

237 西服
xīfú
명 양복

这件西服的料子是什么?
Zhè jiàn xīfú de liàozi shì shénme?
이 양복의 재질이 무엇인가요?

238 帽子
màozi
명 모자

他要买一顶帽子。
Tā yào mǎi yì dǐng màozi.
그는 모자 한 개를 사려고 합니다.

239

袜子 wàzi
명 양말

这双袜子很便宜。
Zhè shuāng wàzi hěn piányi.
이 양말은 쌉니다.

240

雨伞 yǔsǎn
명 우산

书包里边有一把雨伞。
Shūbāo lǐbian yǒu yì ba yǔsǎn.
책가방 안에는 우산 한 개가 있습니다.

241

手表 shǒubiǎo
명 손목시계

男的要买手表。
Nán de yào mǎi shǒubiǎo.
남자는 손목시계를 사려고 합니다.

242

眼镜 yǎnjìng
명 안경

桌子上有一副眼镜。
Zhuōzi shang yǒu yí fù yǎnjìng.
책상 위에는 안경 하나가 있습니다.

243 项链 xiàngliàn
명 목걸이

我戴上这条项链是爱人送给我的。
Wǒ dài shang zhè tiáo xiàngliàn shì àiren sòng gěi wǒ de.
제가 걸고 있는 목걸이는 제 배우자가 저에게 준 것입니다.

244 戒指 jièzhi
명 반지

我们交换了结婚戒指。
Wǒmen jiāohuànle jiéhūn jièzhi.
우리는 결혼 반지를 교환했습니다.

245 闹钟 nàozhōng
명 자명종

桌子上有一个闹钟。
Zhuōzi shang yǒu yí ge nàozhōng.
책상 위에는 자명종이 있습니다.

246 逛街 guàngjiē
동 아이 쇼핑하다

我们明天一起去逛街吧。
Wǒmen míngtiān yìqǐ qù guàngjiē ba.
우리 내일 같이 아이 쇼핑해요.

247

商店 shāngdiàn
명 상점

商店在医院和电影院中间。
Shāngdiàn zài yīyuàn hé diànyǐngyuàn zhōngjiān.
상점은 병원과 영화관 중간에 있습니다.

248

市场 shìchǎng
명 시장

我陪你去新开的市场。
Wǒ péi nǐ qù xīn kāi de shìchǎng.
저는 당신을 모시고 새로 생긴 시장에 갈게요.

249

超市 chāoshì
명 수퍼마켓

我家附近有超市。
Wǒ jiā fùjìn yǒu chāoshì.
우리 집 근처에 수퍼마켓이 있습니다.

250

百货商店 bǎihuòshāngdiàn
명 백화점

百货商店在银行旁边。
Bǎihuòshāngdiàn zài yínháng pángbiān.
백화점은 은행 옆에 있습니다.

251 百货大楼 bǎihuòdàlóu
명 백화점

百货大楼在医院和书店中间。
Bǎihuòdàlóu zài yīyuàn hé shūdiàn zhōngjiān.
백화점은 병원과 서점 중간에 있습니다.

252 发票 fāpiào
명 영수증

发票的日期写错了。请改一下。
Fāpiào de rìqī xiě cuò le. qǐng gǎi yíxià.
영수증 날짜가 잘못 쓰였습니다. 좀 고쳐주세요.

253 款式 kuǎnshì
명 디자인

这种款式的红色都卖光了。
Zhè zhǒng kuǎnshì de hóngsè dōu màiguāng le.
이런 종류의 디자인의 빨간색은 모두 팔렸습니다.

254 合适 héshì
형 알맞다, 어울리다

这条牛仔裤跟你很合适。
Zhè tiáo niúzǎikù gēn nǐ hěn héshì.
이 청바지는 당신과 잘 어울려요.

255 适合 shìhé
동 어울리다

这条裤子适合你。
Zhè tiáo kùzi shìhé nǐ.
이 바지는 당신과 어울려요.

256 流行 liúxíng
동 형 유행하다, 유행하는

我喜欢听流行音乐。
Wǒ xǐhuan tīng liúxíng yīnyuè.
저는 대중음악 듣는 것을 좋아합니다.

257 土 tǔ
형 촌스럽다

你穿的衣服很土。
Nǐ chuān de yifu hěn tǔ.
당신이 입은 옷은 촌스러워요.

258 质量 zhìliàng
명 품질

这个东西又质量好，又便宜。
Zhège dōngxi yòu zhìliàng hǎo, yòu piányi.
이 물건은 품질도 좋고, 쌉니다.

259 购物 gòuwù
동 물건을 사다

我喜欢在网上购物。
Wǒ xǐhuan zài wǎngshàng gòuwù.
저는 인터넷에서 물건을 사는 것을 좋아합니다.

260 售货员 shòuhuòyuán
명 판매원

这里的售货员态度很好。
Zhèli de shòuhuòyuán tàidù hěn hǎo.
이곳의 판매원은 태도가 좋습니다.

261 便利店 biànlìdiàn
명 편의점

我家附近有便利店。
Wǒ jiā fùjìn yǒu biànlìdiàn.
저희 집 근처에 편의점이 있습니다.

262 贵 guì
형 비싸다

那个东西太贵了。
Nàge dōngxi tài guì le.
그 물건은 너무 비쌉니다.

263 便宜 piányi
형 싸다

能不能便宜点儿。
Néngbunéng piányidiǎnr.
좀 깎아 줄 수 있나요?

264 优惠 yōuhuì
형 특혜의, 우대의

这家7折优惠。
Zhè jiā qī zhé yōuhuì.
이 가게는 30% 할인을 합니다.

265 讲价 jiǎngjià
동 값을 흥정하다

他很会讲价。
Tā hěn huì jiǎngjià.
그는 흥정을 할 줄 압니다.

266 讨价还价 tǎojiàhuánjià
동 값을 흥정하다

你还真能讨价还价!
Nǐ hái zhēn néng tǎojiàhuánjià!
당신은 정말 흥정을 잘하는군요!

267 名牌 míngpái
명 메이커

名牌的东西不一定就是好东西。
Míngpái de dōngxi bùyídìng jiùshì hǎo dōngxi.
메이커 물건이 꼭 좋은 물건이라고 할 수 없다.

268 退货 tuìhuò
동 반품하다

打折商品不能退货。
Dǎzhé shāngpǐn bùnéng tuìhuò.
할인된 제품은 반품이 안 됩니다.

269 退钱 tuìqián
동 환불하다

可以退钱吗?
Kěyǐ tuìqián ma?
환불이 가능한가요?

270 价格 jiàgé
명 가격

你说的价格太高了。
Nǐ shuō de jiàgé tài gāo le.
당신이 말한 가격은 너무 비쌉니다.

271 刷卡
shuākǎ
동 카드로 결제하다

我要刷卡吧。
Wǒ yào shuākǎ ba.
저는 카드로 결제할게요.

272 信用卡
xìnyòngkǎ
명 신용 카드

我喜欢用信用卡。
Wǒ xǐhuan yòng xìnyòngkǎ.
저는 신용 카드 사용하는 것을 좋아합니다.

273 分期付款
fēnqī fùkuǎn
동 할부 결제하다

这儿能不能分期付款?
Zhèr néngbunéng fēnqī fùkuǎn?
이곳은 할부 결제가 가능하나요?

274 一次性
yícìxìng
형 일시불인

您要付一次性吗?
Nín yào fù yícìxìng ma?
당신은 일시불로 결제하시겠어요?

275 积分 jīfēn
동 적립하다

信用卡可以积分。
Xìnyòngkǎ kěyǐ jīfēn.
신용 카드는 적립이 가능합니다.

276 会员卡 huìyuánkǎ
명 회원카드

有会员卡可以打折。
Yǒu huìyuánkǎ kěyǐ dǎzhé.
회원카드가 있으면 할인이 가능합니다.

277 时髦 shímáo
형 유행하는

这是最时髦的颜色。
Zhè shì zuì shímáo de yánsè.
이것은 가장 유행하는 색깔입니다.

278 现金 xiànjīn
명 현금

你刷卡还是付现金?
Nǐ shuākǎ háishi fù xiànjīn?
당신은 카드를 쓰시겠어요, 아니면 현금을 쓰시겠어요?

279 打折 dǎzhé
동 할인하다

打折的产品不能便宜。
Dǎzhé de chǎnpǐn bùnéng piányi.
할인된 제품은 싸게 할 수 없습니다.

280 鞋子 xiézi
명 신발

这双鞋子不大不小正合适。
Zhè shuāng xiézi bú dà bù xiǎo zhèng héshì.
이 신발은 크지도 작지도 않고 딱 맞습니다.

281 正装 zhèngzhuāng
명 정장

我喜欢穿正装。
Wǒ xǐhuan chuān zhèngzhuāng.
저는 정장 입는 것을 좋아합니다.

282 休闲服 xiūxiánfú
명 캐주얼

我上班的时候，穿休闲服。
Wǒ shàngbān de shíhou, chuān xiūxiánfú.
저는 출근할 때, 캐주얼을 입습니다.

283 纪念品 jìniànpǐn
명 기념품

我们留个纪念品吧。
Wǒmen liú ge jìniànpǐn ba.
우리 기념품으로 남겨 주죠.

284 电脑 diànnǎo
명 컴퓨터

我可以用你的电脑吗?
Wǒ kěyǐ yòng nǐ de diànnǎo ma?
제가 당신의 컴퓨터를 쓸 수 있나요?

285 电视 diànshì
명 TV

我在家看电视。
Wǒ zài jiā kàn diànshì.
저는 집에서 TV를 봅니다.

286 游戏机 yóuxìjī
명 게임기

妈妈送给我礼物游戏机。
Māma sòng gěi wǒ lǐwù yóuxìjī.
엄마는 저에게 게임기를 선물해 주셨습니다.

287 复合打印机
fùhé dǎyìnjī
명 복합기

我想买一台复合打印机。
Wǒ xiǎng mǎi yì tái fùhé dǎyìnjī.
저는 복합기 한 대를 사고 싶습니다.

288 洗衣机
xǐyījī
명 세탁기

洗衣机的功能很多。
Xǐyījī de gōngnéng hěn duō.
세탁기의 기능은 많습니다.

289 冰箱
bīngxiāng
명 냉장고

这台冰箱的质量很好。
Zhè tái bīngxiāng de zhìliàng hěn hǎo.
이 냉장고의 품질은 좋습니다.

290 空调
kōngtiáo
명 에어컨

你家有的空调是什么牌子的?
Nǐ jiā yǒu de kōngtiáo shì shénme páizi de?
당신 집에 있는 에어컨은 어떤 메이커인가요?

291 遥控器 yáokòngqì
명 리모컨

遥控器怎么操作？
Yáokòngqì zěnme cāozuò?
리모컨은 어떻게 조작을 하나요?

292 微波炉 wēibōlú
명 전자레인지

在微波炉里热一下剩菜。
Zài wēibōlú li rè yíxià shèngcài.
전자레인지에 남은 음식을 데워 먹어요.

293 电饭锅 diànfànguō
명 전기밥솥

我家的电饭锅出毛病了。
Wǒ jiā de diànfànguō chū máobìng le.
저희 집의 전기밥솥은 고장났습니다.

294 推荐 tuījiàn
동 추천하다

明天是我爱人的生日，请推荐一下。
Míngtiān shì wǒ àiren de shēngrì, qǐng tuījiàn yíxià.
내일은 배우자의 생일인데, 추천 좀 해주세요.

295 参谋 cānmou
동 참모하다

我不知道买什么，你参谋参谋。
Wǒ bù zhīdao mǎi shénme, nǐ cānmou cānmou.
제가 무엇을 사야 할지 모르겠는데 추천 좀 해주세요.

296 免费 miǎnfèi
동 무료로 하다

这是给你提供免费的。
Zhè shì gěi nǐ tígòng miǎnfèi de.
이것은 당신에게 무료로 제공되는 것입니다.

297 颜色 yánsè
명 색깔

你喜欢什么颜色？
Nǐ xǐhuan shénme yánsè?
당신은 어떤 색깔을 좋아하시나요?

298 白色 báisè
명 흰색

我最喜欢的颜色是白色。
Wǒ zuì xǐhuan de yánsè shì báisè.
제가 가장 좋아하는 색깔은 흰색입니다.

299 红色
hóngsè
명 빨간색

中国人喜欢红色。
Zhōngguórén xǐhuan hóngsè.
중국인은 빨간색을 좋아합니다.

300 蓝色
lánsè
명 파란색

我喜欢蓝色的衣服。
Wǒ xǐhuan lánsè de yīfu.
저는 파란색의 옷을 좋아합니다.

301 黑色
hēisè
명 검은색

夏天的时候，不穿黑色的。
Xiàtiān de shíhou, bù chuān hēisè de.
여름에는 검은색을 입지 않습니다.

302 绿色
lǜsè
명 녹색

我不喜欢绿色。
Wǒ bù xǐhuan lǜsè.
저는 녹색을 좋아하지 않습니다.

303

紫色 zǐsè
명 보라색

我不太喜欢紫色。
Wǒ bútài xǐhuan zǐsè.
저는 보라색을 그다지 좋아하지 않습니다.

304

黄色 huángsè
명 노란색

她穿一条黄色裙子。
Tā chuān yì tiáo huángsè qúnzi.
그녀는 노란색 치마를 입었습니다.

305

青色 qīngsè
명 청색

他喜欢穿青色牛仔裤。
Tā xǐhuan chuān qīngsè niúzǎikù.
그는 청색의 청바지 입는 것을 좋아합니다.

306

灰色 huīsè
명 회색

我非常喜欢灰色。
Wǒ fēicháng xǐhuan huīsè.
저는 회색을 매우 좋아합니다.

307 粉色 fěnsè
명 분홍색

她穿着一件粉色衬衫。
Tā chuānzhe yí jiàn fěnsè chènshān.
그녀는 분홍색의 와이셔츠를 입고 있습니다.

308 橙色 chéngsè
명 오렌지색

多吃一点橙色水果。
Duō chī yìdiǎn chéngsè shuǐguǒ.
오렌지색의 과일을 많이 드세요.

309 手推车 shǒutuīchē
명 손수레

我买东西的时候，用手推车
Wǒ mǎi dōngxi de shíhou, yòng shǒutuīchē.
저는 물건을 살 때, 손수레를 사용합니다.

실패 사례

대부분의 학생들은 문제에 대한 답을 하기 급급하기에 때문에 성조와 발음에 신경을 쓰지 못하는 경우가 많다. 문제를 이해하고 답변하는 것도 중요하지만, 답변에만 신경 쓸 경우 제대로 된 발음을 하지 못한다.

- ▶ 이전 학습기간 : 기초로 시작하여 학원 3개월 학습
- ▶ 수준 평가 : 발음과 성조가 전혀 확립이 되어 있지 않았음
- ▶ 수업 내용 : 발음과 성조에 집중적으로 학습을 했으며, 단어 결합 때의 발음 방법, 문장에서의 발음 읽기 연습을 통해서 자연스럽게 읽을 수 있게 했으며, 자연스러움을 강조했습니다.
- ▶ 수업 과제 : 수업 과제 수행하지 않음
- ▶ 수업 시간 : 매주 2회 120분씩 수업
- ▶ 총평 : 언어는 매일 꾸준하게 일정한 시간을 두고 반복하여 연습을 해야 한다. 잘못된 부분을 고치려는 노력과 열정이 필요하며, 발음할 때에는 리듬감을 가지고 일정한 성조의 규칙을 생각하여 연습을 해야 한다.

07 서비스

서비스가 필요한 장소에서의 상황을 알아본다

병원, 은행, 극장 등 서비스 업종에서 일어날 수 있는 상황으로 이루어진다.
실생활에서 자주 겪게 되는 부분들이기 때문에 좀더 쉽게 익힐 수 있는 부분이다.

Key Point

① 병원이나 약국에서 증세에 대해 말할 때

어제 저녁부터 머리가 아팠고, 열이 나며, 지금은 더 심하다고 말하면 된다.

② 원하는 물건이 매진되었다고 할 때

언제 준비가 될 수 있죠? 준비되면 저에게 전화해 주시겠어요? 라고 말하면 되고, 혹은 다른 디자인은 없는지 물어보고 보여 달라고 말하면 된다.

③ 호텔에서 방을 구하려고 할 때

싱글룸을 구한다고 하고, 며칠 묵을 것이라고 말하고, 방에서 무선 인터넷을 사용할 수 있냐고 물어보면 된다.

핵심 표현

① 你哪儿不舒服?
Nǐ nǎr bù shūfu?
어디가 불편하세요?

② 火车票都卖光了。
Huǒchē piào dōu màiguāng le.
기차표가 모두 팔렸습니다.

③ 您要什么样的房间?
Nín yào shénmeyàng de fángjiān?
당신은 어떤 방을 원하시나요?

④ 我昨天晚上开始头疼，现在更厉害了。
Wǒ zuótiān wǎnshang kāishǐ tóuténg, xiànzài gèng lìhai le.
저는 어제 저녁부터 머리가 아프기 시작했고, 지금은 더 심해요.

310

看医生
kàn yīshēng
동 치료를 받다

那我们去看医生吧。
Nà wǒmen qù kàn yīshēng ba.
그러면 우리 치료받으러 가요.

311

检查
jiǎnchá
동 검사하다

检查结果还没出来。
Jiǎnchá jiéguǒ hái méi chūlái.
검사 결과가 아직 나오지 않았습니다.

312

打针
dǎzhēn
동 주사 맞다

我怕打针。
Wǒ pà dǎzhēn.
저는 주사 맞는 것이 무섭습니다.

313

吃药
chīyào
동 약을 먹다

你吃点药吧。
Nǐ chī diǎn yào ba.
약 드세요.

314 开药
kāiyào
동 약을 처방하다

我来给你开些药。
Wǒ lái gěi nǐ kāi xiē yào.
제가 당신에게 처방약을 해드릴게요.

315 住院
zhùyuàn
동 입원하다

你是什么时候住院的?
Nǐ shì shénme shíhou zhùyuàn de?
당신은 언제 입원했나요?

316 出院
chūyuàn
동 퇴원하다

我明天能出院。
Wǒ míngtiān néng chūyuàn.
저는 내일 퇴원할 수 있습니다.

317 眼睛
yǎnjing
명 눈

他的眼睛真好看。
Tā de yǎnjing zhēn hǎokàn.
그의 눈은 매우 아름답습니다.

318 鼻子 bízi
명 코

她的鼻子很高。
Tā de bízi hěn gāo.
그의 코는 높습니다.

319 嗓子 sǎngzi
명 목

我嗓子疼，不能说话。
Wǒ sǎngzi téng, bùnéng shuōhuà.
제가 목이 아파서, 말할 수 없습니다.

320 牙 yá
명 이

他在刷牙。
Tā zài shuāyá.
그는 양치하고 있습니다.

321 肚子 dùzi
명 배

我肚子疼了一个晚上。
Wǒ dùzi téngle yí ge wǎnshang.
저는 배가 저녁 내내 아팠습니다.

322

腿 tuǐ
명 다리

她的腿又细又长。
Tā de tuǐ yòu xì yòu cháng.
그녀의 다리는 가늘면서 깁니다.

323

脚 jiǎo
명 발

他的手和脚很大。
Tā de shǒu hé jiǎo hěn dà.
그의 손과 다리는 큽니다.

324

头疼 tóuténg
동 머리가 아프다

最近因为找工作的事头疼。
Zuìjìn yīnwèi zhǎo gōngzuò de shì tóuténg.
최근에 일을 찾는 것 때문에 머리가 아픕니다.

325

感冒 gǎnmào
동 감기 걸리다

注意不要感冒。
Zhùyì búyào gǎnmào.
감기 걸리는 것을 주의하세요.

326

发烧 fāshāo
동 열이 나다

我今天有点儿发烧。
Wǒ jīntiān yǒudiǎnr fāshāo.
저는 오늘 좀 열이 납니다.

327

拉肚子 lā dùzi
동 설사하다

我从昨晚开始拉肚子。
Wǒ cóng zuówǎn kāishǐ lā dùzi.
저는 어제 저녁부터 시작해서 배탈이 났습니다.

328

流鼻涕 liú bítì
동 콧물이 나오다

我得了流感., 流鼻涕。
Wǒ déle liúgǎn, liú bítì.
저는 감기에 걸려서 콧물이 흐릅니다.

329

鼻塞 bísāi
동 코가 막히다

我得了感冒，流鼻涕，鼻塞。
Wǒ déle gǎnmào, liú bítì, bísāi.
저는 감기에 걸려서, 콧물이 나오고, 코가 막혔습니다.

330

摔倒 shuāidǎo
동 넘어지다

昨天我走路不小心摔倒了。
Zuótiān wǒ zǒulù bù xiǎoxīn shuāidǎo le.
어제 저는 걷는 데 부주의해서 넘어졌습니다.

331

服务员 fúwùyuán
명 종업원

这家饭馆儿的服务员态度很好。
Zhè jiā fànguǎnr de fúwùyuán tàidù hěn hǎo.
이 식당의 종업원의 태도는 좋습니다.

332

服务 fúwù
명 서비스

这儿的服务非常好。
Zhèr de fúwù fēicháng hǎo.
이곳의 서비스는 매우 좋습니다.

333

预订 yùdìng
동 예약하다

我昨天晚上预订了。
Wǒ zuótiān wǎnshang yùdìng le.
저는 어제 저녁에 예약했습니다.

334

存钱 cúnqián
동 예금을 하다

您要存钱还是取钱?
Nín yào cúnqián háishi qǔqián?
당신은 예금을 하려고 하나요, 아니면 출금을 하려고 하나요?

335

取钱 qǔqián
동 출금하다

我要取钱。
Wǒ yào qǔqián.
저는 출금을 하려고 합니다.

336

存折 cúnzhé
명 통장

我要办存折。
Wǒ yào bàn cúnzhé.
저는 통장을 만들려고 합니다.

337

密码 mìmǎ
명 비밀 번호

请输入您的密码。
Qǐng shūrù nín de mìmǎ.
당신의 비밀 번호를 입력하세요.

338 开帐户
kāi zhànghù
동 계좌 개설하다

我想开个存款帐户。
Wǒ xiǎng kāi ge cúnkuǎn zhànghù.
저는 계좌 개설을 하려고 합니다.

339 单人间
dānrénjiān
명 싱글룸

我要单人间，一天多少钱？
Wǒ yào dānrénjiān, yì tiān duōshao qián?
저는 싱글룸을 원하는데, 하루에 얼마인가요?

340 双人间
shuāngrénjiān
명 더블룸

要单人间还是双人间？
Yào dānrénjiān háishi shuāngrénjiān?
싱글룸을 원하시나요 아니면 더블룸을 원하시나요?

341 标准间
biāozhǔnjiān
명 일반실

标准间有什么特点？
Biāozhǔnjiān yǒu shénme tèdiǎn?
일반실은 무슨 특징이 있나요?

342 行李 xíngli
명 짐

把行李送到您的房间吧。
Bǎ xíngli sòng dào nín de fángjiān ba.
짐을 당신의 방까지 보내 드릴게요.

'想'과 '要'

'想'과 '要'는 모두 개인의 바람이나 계획, 생각을 나타낼 때 쓸 수 있다. '想'의 경우는 어기가 약해 개인이 어떤 생각이나 계획을 가지고 있지만 나타낼 뿐, 그것을 실행할지 안할지는 확실하지 않다.
'要'는 어기가 강해 화자의 단호한 어기를 나타낼 수 있다. 주로 강렬한 바람이나 결정, 결심 등을 나타내며, 화자는 통상 그러한 바람이나 결심대로 행동한다.

(1) 想

소망을 나타내는 조동사 '〜하고 싶다'라는 의미를 가진다.
소극적인 바람을 의미하고, 불확실성을 가지고 있다.
다시 말해 어기가 약해서 개인이 어떤 생각이나 계획을 가지고 있지만 나타내지만, 그것을 실행할지 안할지는 확실하지 않다.

- 我想去中国。 나는 중국에 가고 싶다.
  Wǒ xiǎng qù Zhōngguó.
- 我不想吃饭。 나는 밥을 먹고 싶지 않다.
  Wǒ bùxiǎng chīfàn.

(2) 要

의지, 계획을 나타내는 조동사 '〜하려고 한다'라는 의미를 가진다.
적극적이고 강한 자신의 의지를 표현한다.
부정은 일반적으로 不想(〜하지 않을 것이다)으로 한다.
다시 말해, 화자의 단호한 어기를 나타낼 수 있다. 강렬한 바람이나 결정, 결심 등을 나타내며, 화자는 그러한 바람이나 결정, 결심대로 행동한다.

- 我要学习汉语。 나는 중국어를 공부하려 한다.
  Wǒ yào xuéxí hànyǔ.
- 我们下午要看电影。 우리는 오후에 영화를 보려 한다.
  Wǒmen xiàwǔ yào kàn diànyǐng.

08 운동

운동과
관련된
여러 어휘를
배워 본다

건강을 유지하기 위해 중요한 운동과 관련된 부분이다.
각종 운동 경기에 대한 어휘를 통해서 제2부분을 준비할 수 있고, 운동 관련 대화를 통해서 제3부분도 준비할 수 있다.

Key Point

① 자신이 좋아하는 운동을 하나 정한다.

저는 골프 치는 것을 매우 좋아합니다.
저는 농구하는 것을 좋아합니다.

② 운동에 관심이 있다는 표현을 익히자.

저는 운동에 대해 매우 관심이 많습니다.
그런 후에 특정 운동을 언급해 주면 된다.

③ 운동을 하면 좋은 점

왜 운동을 해야 하는지에 대한 장점을 말하고, 그래서 나의 생활이 어떻게 바뀌었는지에 대해서 말하면 된다.

핵심 표현

① 您喜欢什么运动?
Nín xǐhuan shénme yùndòng?
당신은 어떤 운동을 좋아하시나요?

② 我每天早上游泳。
Wǒ měitiān zǎoshang yóuyǒng.
저는 매일 아침에 수영을 합니다.

③ 每个周末他踢足球。
Měige zhōumò tā tī zúqiú.
매 주말마다 그는 축구를 합니다.

④ 你明天参加棒球比赛吗?
Nǐ míngtiān cānjiā bàngqiú bǐsài ma?
당신은 내일 야구 경기에 참가하시나요?

343 运动　yùndòng
명 운동

你喜欢什么运动?
Nǐ xǐhuan shénme yùndòng?
당신은 무슨 운동을 좋아하시나요?

344 现场　xiànchǎng
명 현장

看比赛当然要去现场看。
Kàn bǐsài dāngrán yào qù xiànchǎng kàn.
경기를 볼 때는 당연히 현장에 가서 봐야 한다.

345 篮球　lánqiú
명 농구

你喜欢打篮球吗?
Nǐ xǐhuan dǎ lánqiú ma?
당신은 농구를 좋아하시나요?

346 乒乓球　pīngpāngqiú
명 탁구

很多中国人喜欢打乒乓球。
Hěn duō Zhōngguórén xǐhuan dǎ pīngpāngqiú.
많은 중국인들은 탁구를 좋아합니다.

347

排球 páiqiú
명 배구

下个星期有排球比赛。
Xiàge xīngqī yǒu páiqiú bǐsài.
다음 주에 배구 경기가 있습니다.

348

高尔夫球 gāoěrfūqiú
명 골프

他打高尔夫球打得很好。
Tā dǎ gāoěrfūqiú dǎ de hěn hǎo.
그는 골프를 잘 칩니다.

349

棒球 bàngqiú
명 야구

很多韩国人喜欢打棒球。
Hěn duō Hánguórén xǐhuan dǎ bàngqiú.
많은 한국인들은 야구를 좋아합니다.

350

羽毛球 yǔmáoqiú
명 배드민턴

我的爱好是打羽毛球。
Wǒ de àihào shì dǎ yǔmáoqiú.
저의 취미는 배드민턴입니다.

351 网球 wǎngqiú
명 테니스

打网球很有意思。
Dǎ wǎngqiú hěn yǒu yìsi.
테니스는 재미있습니다.

352 踢 tī
동 (축구를) 하다

他们在踢足球。
Tāmen zài tī zúqiú.
그들은 축구를 하고 있습니다.

353 足球 zúqiú
명 축구

明天有足球比赛。
Míngtiān yǒu zúqiú bǐsài.
내일 축구 경기가 있습니다.

354 滑雪 huáxuě
동 스키 타다

他冬天喜欢滑雪。
Tā dōngtiān xǐhuan huáxuě.
그는 겨울에 스키 타는 것을 좋아합니다.

355

滑板 huábǎn
동 보드를 타다

他特别喜欢滑板。
Tā tèbié xǐhuan huábǎn.
그는 보드 타는 것을 좋아합니다.

356

滑冰 huábīng
동 스케이트를 타다

小的时候，喜欢滑冰了。
Xiǎo de shíhou, xǐhuan huábīng le.
어렸을 때, 스케이트 타는 것을 좋아했습니다.

357

跑步 pǎobù
동 달리기하다

他每天都跑步。
Tā měitiān dōu pǎobù.
그는 매일 달리기를 합니다.

358

走路 zǒulù
동 걷다

他走路去。
Tā zǒulù qù.
그는 걸어서 갑니다.

359 爬山 páshān
동 등산하다

他们正在爬山。
Tāmen zhèngzài páshān.
그들은 등산하고 있습니다.

360 骑 qí
동 (다리를 벌리고 타는 수단) 타다

你会骑马吗?
Nǐ huì qí mǎ ma?
당신은 말을 탈 수 있나요?

361 自行车 zìxíngchē
명 자전거

我骑自行车去学校。
Wǒ qí zìxíngchē qù xuéxiào.
저는 자전거를 타고 학교에 갑니다.

362 摩托车 mótuōchē
명 오토바이

他骑摩托车上班。
Tā qí mótuōchē shàngbān.
그는 오토바이를 타고 출근을 합니다.

363 锻炼 duànliàn
동 단련하다

他每天都锻炼运动。
Tā měitiān dōu duànliàn yùndòng.
그는 매일 운동으로 단련을 합니다.

364 比赛 bǐsài
명 시합, 대회

明天有演讲比赛。
Míngtiān yǒu yǎnjiǎng bǐsài.
내일 말하기 대회가 있습니다.

365 冠军 guànjūn
명 우승

他得到了冠军。
Tā dédàole guànjūn.
그는 우승을 했습니다.

366 亚军 yàjūn
명 준우승

足球比赛我们队得了亚军。
Zúqiú bǐsài wǒmen duì déle yàjūn.
축구경기에서 우리 팀은 준우승을 했습니다.

367 决赛
juésài
명 결승

恭喜恭喜，你能够进入决赛。
Gōngxi gōngxi, nǐ nénggòu jìnrù juésài.
결승에 진출한 것을 축하해요.

368 操场
cāochǎng
명 운동장

操场上有很多人。
Cāochǎng shang yǒu hěn duō rén.
운동장에는 많은 사람이 있습니다.

369 健身房
jiànshēnfáng
명 헬스클럽

为了减肥，我在健身房运动。
Wèile jiǎnféi, wǒ zài jiànshēnfáng yùndòng.
다이어트를 위해서, 저는 헬스클럽에서 운동을 합니다.

370 教练
jiàoliàn
명 코치

在教练的指导下，他减了很多。
Zài jiàoliàn de zhǐdǎo xià, tā jiǎnle hěn duō.
코치의 지도 아래, 그는 다이어트를 많이 했다.

371

赢 yíng
동 이기다

我和他打赌，结果赢了。
Wǒ hé tā dǎdǔ, jiéguǒ yíng le.
나와 그는 내기를 해서, 결과는 이겼다.

372

输 shū
동 지다

这次比赛我们输给中国队了。
Zhècì bǐsài wǒmen shū gěi Zhōngguó duì le.
이번 경기는 우리가 중국 팀에게 졌다.

373

球迷 qiúmí
명 운동광

我是个球迷。
Wǒ shì ge qiúmí.
저는 운동광입니다.

374

太极拳 tàijíquán
명 태극권

那里打太极拳的人很多。
Nàli dǎ tàijíquán de rén hěn duō.
그곳에 태극권을 하는 사람이 많습니다.

好吗 ≠ 号码

중국에서는 말을 하고 난 후에 습관적으로 好吗라는 말을 습관적으로 합니다. 그래서 처음에는 무조건 대답을 해야 하는 것 아닌지에 대해 고민을 한 적도 있었습니다. 보통 好吗에 익숙해져 있다가 전화번호라는 단어를 처음 들었을 때는 전화가 좋아?라는 의미로 이해를 했던 경험도 있다.

好吗[hǎoma] 좋아요? 어때요?

- 你好吗? 잘 지냈어요?
  Nǐ hǎo ma?

- 我们一起吃饭, 好吗? 우리 같이 밥 먹어요, 어때요?
  Wǒmen yìqǐ chī fàn, hǎo ma?

- 今天我们见面, 好吗? 오늘 우리 만나요, 어때요?
  Jīntiān wǒmen jiànmiàn, hǎo ma?

- 我可以用你的手机, 好吗? 제가 당신의 휴대폰을 써도 될까요, 어때요?
  Wǒ kěyǐ yòng nǐ de shǒujī, hǎo ma?

号码[hàomǎ] 번호

- 你的电话号码是多少? 당신의 전화 번호는 무엇입니까?
  Nǐ de diànhuà hàomǎ shì duōshao?

- 你知道他的电话号码吗? 당신은 그의 전화 번호를 아시나요?
  Nǐ zhīdào tā de diànhuà hàomǎ ma?

- 我想知道你的电话号码。 저는 당신의 전화 번호를 알고 싶습니다.
  Wǒ xiǎng zhīdào nǐ de diànhuà hàomǎ.

- 我改了我的电话号码。 저는 전화 번호를 바꿨습니다.
  Wǒ gǎile wǒ de diànhuà hàomǎ.

09 취미

음악, 그림, 운동, 영화 등 선호하는 것들에 대해 알아본다

누군가와 대화를 하면서 취미에 대해 이야기할 때가 많다. 취미와 관련하여서는 다양한 영역에서 나올 수 있다.
취미에 대한 선호도를 묻는 질문도 많기 때문에 그와 관련된 어휘도 많이 익혀야 한다.

Key Point

① 취미를 물어볼 때는 이렇게 답변하자.

음악이라고 하면 음악을 좋아한다고 하고, 어떤 음악을 좋아하는지에 대해 대답하자.

- 我的爱好是听音乐。
 Wǒ de àihào shì tīng yīnyuè.
 저의 취미는 음악 듣기입니다.

- 特别喜欢听流行音乐。
 Tèbié xǐhuan tīng liúxíng yīnyuè.
 특히 유행 음악 듣기를 좋아합니다.

- 听音乐就消除压力。
 Tīng yīnyuè jiù xiāochú yālì.
 음악을 들으면 스트레스가 풀립니다.

- 所以我上下班的时候听音乐。
 Suǒyǐ wǒ shàngxiàbān de shíhou tīng yīnyuè.
 그래서 저는 출퇴근 때에 음악을 듣습니다.

제4부분에서 가장 많이 나오는 유형으로, 음악, 그림, 운동 등 선호하는 것에 대해서 물어보는 문제가 자주 출제된다. 취미를 말하는 동시에 스트레스 해소법에 대해서도 답변이 가능하다.

핵심 표현

① 您的爱好是什么?
Nín de àihào shì shénme?
당신의 취미는 무엇인가요?

② 你对音乐感兴趣吗?
Nǐ duì yīnyuè gǎn xìngqù ma?
당신은 음악에 관심이 있나요?

③ 我非常喜欢看电影。
Wǒ fēicháng xǐhuan kàn diànyǐng.
저는 영화 보는 것을 매우 좋아합니다.

④ 你唱得很好, 我是五音不全。
Nǐ chàng de hěn hǎo, wǒ shì wǔyīn bùquán.
당신은 노래 잘 부르시네요, 저는 음치입니다.

375 爱好 àihào
명 취미

你的爱好是什么?
Nǐ de àihào shì shénme?
당신의 취미는 무엇인가요?

376 兴趣 xìngqù
명 흥미

我对中国文化感兴趣。
Wǒ duì Zhōngguó wénhuà gǎn xìngqù.
저는 중국 문화에 관심이 있습니다.

377 感兴趣 gǎn xìngqù
동 관심이 있다

我对汉语感兴趣。
Wǒ duì Hànyǔ gǎn xìngqù.
저는 중국에 대해 관심이 많습니다.

378 音乐 yīnyuè
명 음악

你喜欢什么音乐?
Nǐ xǐhuan shénme yīnyuè?
당신은 어떤 음악을 좋아하시나요?

379

流行音乐 liúxíng yīnyuè
명 유행음악

他喜欢听流行音乐。
Tā xǐhuan tīng liúxíng yīnyuè.
그는 유행 음악을 좋아합니다.

380

古典音乐 gǔdiǎn yīnyuè
명 클래식

他喜欢听古典音乐。
Tā xǐhuan tīng gǔdiǎn yīnyuè.
그는 클래식을 좋아합니다.

381

娱乐 yúlè
명 동 오락(하다)

我喜欢看娱乐节目。
wǒ xǐhuan kàn yúlè jiémù.
저는 오락 프로그램을 좋아합니다.

382

电影 diànyǐng
명 영화

我在电影院看电影。
Wǒ zài diànyǐngyuàn kàn diànyǐng.
저는 극장에서 영화를 봅니다.

383 动作片
dòngzuòpiàn
명 액션 영화

我最喜欢的电影是动作片。
Wǒ zuì xǐhuan de diànyǐng shì dòngzuòpiàn.
제가 가장 좋아하는 영화는 액션 영화입니다.

384 恐怖片
kǒngbùpiàn
명 공포 영화

我不喜欢看恐怖片。
Wǒ bù xǐhuan kàn kǒngbùpiàn.
저는 공포 영화 보는 것을 싫어합니다.

385 爱情片
àiqíngpiàn
명 멜로 영화

我们看爱情片吧。
Wǒmen kàn àiqíngpiàn ba.
우리 멜로 영화 봐요.

386 好莱坞
hǎoláiwù
명 할리우드

你喜欢好莱坞电影吗?
Nǐ xǐhuan hǎoláiwù diànyǐng ma?
당신은 할리우드 영화를 좋아하시나요?

387 喜剧片
xǐjùpiàn
명 코미디 영화

我们明天去看喜剧片吧。
Wǒmen míngtiān qù kàn xǐjùpiàn ba.
우리 내일 코미디 영화 봐요.

388 报纸
bàozhǐ
명 신문

他在看报纸。
Tā zài kàn bàozhǐ.
그는 신문을 보고 있습니다.

389 杂志
zázhì
명 잡지

我不喜欢看杂志。
Wǒ bù xǐhuan kàn zázhì.
저는 잡지 보는 것을 좋아하지 않습니다.

390 新闻
xīnwén
명 뉴스

他每天都看新闻。
Tā měitiān dōu kàn xīnwén.
그는 매일 뉴스를 봅니다.

391 武术 wǔshù
명 우슈

他在少林寺学习武术。
Tā zài Shǎolínsì xuéxí wǔshù.
그는 소림사에서 우슈를 배우고 있습니다.

392 玩儿 wánr
동 놀다, ~하다

他在玩儿电脑。
Tā zài wánr diànnǎo.
그는 컴퓨터를 하고 있습니다.

393 游戏 yóuxì
명 게임

他喜欢电脑游戏。
Tā xǐhuan diànnǎo yóuxì.
그는 컴퓨터 게임을 좋아합니다.

394 弹钢琴 tán gāngqín
동 피아노를 치다

我会弹钢琴。
Wǒ huì tán gāngqín.
저는 피아노를 칠 줄 압니다.

395 唱歌
chànggē
동 노래를 부르다

我唱歌唱得不太好。
Wǒ chànggē chàng de bútài hǎo.
저는 노래를 그다지 잘 부르지 못합니다.

396 跳舞
tiàowǔ
동 춤추다

她一边唱歌，一边跳舞。
Tā yìbiān chànggē, yìbiān tiàowǔ.
그는 노래를 하면서, 춤을 춥니다.

397 画画儿
huàhuàr
동 그림을 그리다

他在画画儿。
Tā zài huàhuàr.
그는 그림을 그리고 있습니다.

398 拍照
pāizhào
동 사진 찍다

他喜欢拍照。
Tā xǐhuan pāizhào.
그는 사진 찍는 것을 좋아합니다.

399 开车 kāichē
동 운전하다

你会开车吗?
Nǐ huì kāichē ma?
당신은 운전을 할 수 있나요?

400 花草 huācǎo
명 화초

很多人都喜欢养花草，我也喜欢养花草。
Hěn duō rén dōu xǐhuan yǎng huācǎo, wǒ yě xǐhuan yǎng huācǎo.
많은 사람들은 화초 기르는 것을 좋아하고, 나도 화초 기르는 것을 좋아한다.

401 上网 shàngwǎng
동 인터넷을 하다

我的电脑死机了，不能上网。
Wǒ de diànnǎo sǐjī le, bùnéng shàngwǎng.
저의 컴퓨터가 다운이 되어서, 인터넷을 못합니다.

402 手机 shǒujī
명 핸드폰

你的手机号码是多少?
Nǐ de shǒujī hàomǎ shi duōshao?
당신의 핸드폰 번호는 무엇인가요?

403 散步 sànbù
동 산책하다

我们散散步吧。
Wǒmen sànsànbù ba.
우리 산책해요.

404 旅行 lǚxíng
동 여행하다

我要去国外旅行。
Wǒ yào qù guówài lǚxíng.
저는 해외 여행을 가려고 합니다.

405 旅游 lǚyóu
동 여행하다

今年暑假我想去中国旅游。
Jīnnián shǔjià wǒ xiǎng qù Zhōngguó lǚyóu.
올해 여름에 저는 중국 여행을 가고 싶습니다.

406 游泳 yóuyǒng
동 수영하다

他每天早上游泳。
Tā měitiān zǎoshang yóuyǒng.
그는 매일 아침에 수영합니다.

407 演唱会
yǎnchànghuì
명 콘서트

我想去看他的演唱会，可是没买到票。
Wǒ xiǎng qù kàn tā de yǎnchànghuì, kěshì méi mǎi dào piào.
저는 그의 콘서트에 가고 싶었지만, 표를 구하지 못했습니다.

408 演出
yǎnchū
동 공연하다

我想邀请你看我们乐队的演出。
Wǒ xiǎng yāoqǐng nǐ kàn wǒmen yuèduì de yǎnchū.
저는 당신이 저희 밴드가 하는 공연을 볼 수 있게 초대하고 싶습니다.

이것만은 헷갈리지 말자

📝 爱人 [àiren] 배우자

중국어로 爱人은 '배우자'라는 의미를 가진다.
한국에서 愛人이라는 의미는 서로 사랑하는 관계에 있는 미혼의 남녀를 말한다. 爱人(배우자) – 부부(夫婦)로서 짝이 되는 상대. 곧 남편에 대한 아내, 아내에 대한 남편을 이른다.

爱人으로 표현법을 배워 보자.

- 她是我的爱人。 그녀는 저의 배우자입니다.
  Tā shì wǒ de àiren.

- 你的爱人做什么工作？ 당신의 배우자는 무슨 일을 하시나요?
  Nǐ de àiren zuò shénme gōngzuò?

男朋友／女朋友으로 표현법을 배워보자.

- 他是我的男朋友。 그는 저의 남자친구입니다.
  Tā shì wǒ de nán péngyou.

- 我跟女朋友交了一年多了。 저와 여자 친구는 1년 정도 사귀었습니다.
  Wǒ gēn nǚ péngyou jiāole yì nián duō le.

때로는 단어의 미묘한 차이와 문화적인 차이로 오해를 받는 경우가 있다. 중국어로 애인이라는 단어가 배우자라는 뜻이 있는 것을 모르고 쓰는 경우 바람둥이로 오해할 수가 있으니 주의를 해야 한다.
이미 결혼한 사람이 있는데, 중국어로 你有爱人吗?(당신 배우자 있어요?)라고 했을 때 초보 수준의 학습자들은 분명히 没有爱人.(배우자 없어요)라고 한다면 상대가 생각하기에 이 사람이 날 속이고 분명 수작을 부리고 있구나 라고 생각을 할 수가 있다.

⑩ 금액

화폐 단위와
자릿수에 대해
알아본다

※ 화폐 단위를 나타내는 표현 익히기
- 구어체로 할 때
  块[kuài] 毛[máo] 分[fēn]
- 문어체로 할 때
  元[yuán] 角[jiǎo] 分[fēn]

※ 자릿수
  一[yī] 일 十[shí] 십 百[bǎi] 백
  千[qiān] 천 万[wàn] 만

Key Point

금액을 읽을 때는 성조에 주의를 해야 한다.

1.5元, 2.9元은 어떻게 읽을까?
一块五[yí kuài wǔ], 两块九[liǎng kuài jiǔ]
여기에서 一는 1성이 아니고, 2성으로 읽어야 한다.
一의 경우 원래 성조 1성으로 발음해야 하고, 나이와 순서를 말할 때는 원래 성조 1성으로 읽어야 한다.
一月[yī yuè] 十一号[shíyī hào] 二十一岁[èrshíyī suì]
이와 같이 1월, 2월, 3월 순서이기 때문에 뒤에 4성이 오더라도 원래의 성조 1성으로 발음을 해야 한다.
또한 21살이라는 단어를 말할 때도 뒤에 4성이 오더라도 1성으로 발음을 해야 하는 이유는 나이이기 때문이다.

구어체로 할 때와 문어체로 할 때는 다르기 때문에 주의를 해야 한다.
- 구어체
  块[kuài]   毛[máo]   分[fēn]

- 문어체
  元[yuán]   角[jiǎo]   分[fēn]

핵심 표현

① 一斤牛肉多少钱?
Yì jīn niúròu duōshao qián?
쇠고기 한 근에 얼마인가요?

② 最贵的东西多少钱?
Zuì guì de dōngxi duōshao qián?
가장 비싼 물건은 얼마인가요?

③ 最便宜的东西多少钱?
Zuì piányi de dōngxi duōshao qián?
가장 싼 물건은 얼마인가요?

④ 一美元可以换多少的人民币?
Yì měiyuán kěyǐ huàn duōshao de rénmínbì?
1달러는 인민폐로 얼마로 환전되나요?

409

块 kuài
양 원(중국의 화폐단위)

我找您十四块钱。
Wǒ zhǎo nín shísì kuài qián.
제가 당신에게 14원 거슬러 드릴게요.

410

毛 máo
양 마오(구어체, '一元'의 1/10)

一共四块五毛。
Yígòng sì kuài wǔ máo.
총 4.5원입니다.

411

分 fēn
양 펀, 0.01元

一分钱一分货。
Yì fēn qián yì fēn huò.
싼 게 비지떡이다.

412

角 jiǎo
양 지아오(문어체), 0.1元

这些一共十元五角七分。
Zhèxiē yígòng shí yuán wǔ jiǎo qī fēn.
이것은 총 10.57원입니다.

413 韩币
hánbì
명 한화

我要把韩币换成人民币。
Wǒ yào bǎ hánbì huàn chéng rénmínbì.
저는 한화를 인민폐로 바꾸려고 합니다.

414 人民币
rénmínbì
명 인민폐

一百人民币换成美元多少?
Yī bǎi rénmínbì huàn chéng měiyuán duōshao?
백 원의 인민폐를 달러로 바꾸면 얼마인가요?

415 美元
měiyuán
명 달러

我要把一百美元换成人民币。
Wǒ yào bǎ yì bǎi měiyuán huàn chéng rénmínbì.
저는 백 달러를 인민폐로 바꾸려고 합니다.

416 换钱
huànqián
동 환전하다

你换钱的时候应该带着护照。
Nǐ huànqián de shíhou yīnggāi dàizhe hùzhào.
당신은 환전할 때 여권을 가져와야 합니다.

417 汇率 huìlǜ
명 환율

今天的汇率是多少？
Jīntiān de huìlǜ shì duōshao?
오늘의 환율은 얼마인가요?

418 钱包 qiánbāo
명 지갑

钱包被小偷拿走了。
Qiánbāo bèi xiǎotōu ná zǒu le.
지갑을 도둑이 가져가 버렸다.

419 花 huā
동 소비하다

我今天花了很多钱。
Wǒ jīntiān huāle hěn duō qián.
저는 오늘 많은 돈을 소비했다.

420 浪费 làngfèi
동 낭비하다

我浪费了很多时间。
Wǒ làngfèile hěn duō shíjiān.
저는 많은 시간을 낭비했습니다.

421 零钱
língqián
명 잔돈

请把这一百块钱换成零钱。
Qǐng bǎ zhè yì bǎi kuài qián huàn chéng língqián.
백원을 잔돈으로 바꿔주세요.

📝 성공 사례 (4급 획득)

저와 2개월 같이 공부한 학생입니다.
2개월 만에 4급을 취득했습니다.
- ▶ 직업 : 대기업 회사원
- ▶ 과외 학습기간 : 2015년 8월 15일 ~ 2015년 10월 31일
- ▶ 이전 학습기간 : 기초로 시작하여 총 6개월 중국어 교육
- ▶ 수준 평가 : 처음 상담할 때 계속 2급이 나온다고 하여 그 부분을 분석을 해드렸습니다.

단어량은 어느 정도 있었지만 정확한 성조와 발음이 아니었습니다.
특히 3성+2성, 2성+4성, 1성 발음은 많이 좋지 않았습니다.
- ▶ 수업 내용 : 발음과 성조에 유의하여 지도했고, 제2부분은 유형과 단어량의 문제이기 때문에 매 수업 때 확인하는 시간을 가졌습니다.

제3부분과 제4부분은 기존 시험의 유형과 모의고사, 기출문제들을 무한 반복하여 자동으로 나오게 했습니다.
- ▶ 수업 과제 : 매일 음성 녹음을 하여 잘못된 성조 발음을 수정했습니다.
- ▶ 수업 시간 : 매주 2회 2시간씩 수업
- ▶ 총평 : 저만의 강의 스타일도 있었겠지만 본인이 연습을 많이 했습니다. 특히 발음과 성조가 많이 변했고, 발음 때 자연스러운 느낌을 주어서 듣기도 편했고 좋았습니다. 하루 최소 1시간은 공부하는 시간을 확보하여 꾸준히 한 학생입니다.

11 시간

연도와 요일 등 숫자의 발음과 성조에 대해 유의한다

시간 관련해서는 숫자를 정확한 발음으로 말을 하는 것이 중요하다.
과거, 현재, 미래의 시간을 서술하거나 수사와 결합하여 시간사 관련 질문들이 자주 출제된다.
특히 숫자를 이야기할 때는 성조에 대해서 유의해야 한다.

Key Point

1) 연도 말하기

연도를 말하는 질문에 답하기 위해서는 주의해야 할 것이 있다.
'哪年, 几年'와 같이 시간사가 결합한 문장을 알아야 한다.
연도를 읽을 때, 각 숫자를 따로 읽는다.
단, 숫자 '1'의 경우는 yāo로 읽지 말고, yī로 읽어야 한다.

· 2016년 二零一六年 èr líng yī liù nián
· 1994년 一九九四年 yī jiǔ jiǔ sì nián

2) 요일

요일에 대해서는 星期[xīngqī], 礼拜[lǐbài]와 几[jǐ]이 결합된 문장 구조를 알아야 한다. 星期 뒤에 숫자를 넣어서 표현을 하면 된다.
星期一 星期二 星期三 星期四 星期五 星期六 星期天

핵심 표현

① 她是哪一年毕业的?
Tā shì nǎ yì nián bìyè de?
그녀는 몇 년도에 졸업했나요?

② 他几点下班?
Tā jǐ diǎn xiàbān?
그는 몇 시에 퇴근하나요?

③ 他住在几号房间?
Tā zhù zài jǐ hào fángjiān?
그는 몇 호 방에 거주하나요?

④ 公共汽车九点一刻出发。
Gōnggòngqìchē jiǔ diǎn yíkè chūfā.
버스는 9시 15분에 출발합니다.

422

年 nián
명 년

今年是2016年。
Jīnnián shì èr líng yī liù nián.
올해는 2016년이다.

423

月 yuè
명 월

今天是2月11号。
Jīntiān shì èr yuè shíyī hào.
오늘은 2월 11일입니다.

424

这个月 zhège yuè
이번 달

这个月手头有点紧张。
Zhège yuè shǒutóu yǒudiǎn jǐnzhāng.
이번 달은 주머니 사정이 좋지 않다.

425

上个月 shàngge yuè
지난 달

上个月去中国出差过。
Shàngge yuè qù Zhōngguó chūchāiguo.
지난 달에 중국 출장에 다녀온 적이 있다.

426 下个月 xiàge yuè
다음 달

下个月我要去中国出差。
Xiàge yuè wǒ yào qù Zhōngguó chūchāi.
다음 달에 저는 중국 출장을 가려고 합니다.

427 日 rì
명 일

二月十八日是我的生日。
Èr yuè shíbā rì shì wǒ de shēngrì.
2월 18일은 저의 생일입니다.

428 号 hào
명 일

他住在五零八号房间。
Tā zhù zài wǔ líng bā hào fángjiān.
그는 508호 방에 삽니다.

429 星期 xīngqī
명 요일

今天星期几?
Jīntiān xīngqījǐ?
오늘 무슨 요일인가요?

430

这个星期 zhège xīngqī
이번 주

这个星期六晚上你有时间吗?
Zhège xīngqīliù wǎnshang nǐ yǒu shíjiān ma?
이번 주 토요일 저녁에 시간 있어요?

431

上个星期 shàngge xīngqī
지난 주

上个星期一直在中国工作。
Shàngge xīngqī yìzhí zài Zhōngguó gōngzuò.
저번 주에 줄곧 중국에서 일했습니다.

432

下个星期 xiàge xīngqī
다음 주

等到下个星期二能回家。
Děng dào xiàge xīngqī'èr néng huíjiā.
다음 주 화요일까지 기다려야 집에 갈 수 있습니다.

433

礼拜 lǐbài
명 요일

我礼拜二晚上出发。
Wǒ lǐbài'èr wǎnshang chūfā.
저는 화요일 저녁에 출발합니다.

434 星期一
xīngqīyī
명 월요일

今天又星期一了。
Jīntiān yòu xīngqīyī le.
오늘 또 월요일입니다.

435 星期二
xīngqīèr
명 화요일

明天是星期二。
Míngtiān shì xīngqīèr.
내일은 화요일입니다.

436 星期三
xīngqīsān
명 수요일

你星期三有时间吗?
Nǐ xīngqīsān yǒu shíjiān ma?
당신 수요일에 시간 있나요?

437 星期四
xīngqīsì
명 목요일

我星期四有点儿紧张。
Wǒ xīngqīsì yǒudiǎnr jǐnzhāng.
저는 목요일에 좀 바빠요.

438 星期五 xīngqīwǔ
명 금요일

我一般星期五跟朋友喝酒。
Wǒ yìbān xīngqīwǔ gēn péngyou hē jiǔ.
저는 보통 금요일에 친구와 술을 마십니다.

439 星期六 xīngqīliù
명 토요일

我星期六在家看电视。
Wǒ xīngqīliù zài jiā kàn diànshì.
저는 토요일에 집에서 TV를 봅니다.

440 星期天 xīngqītiān
명 일요일

我星期天没有什么特别的事。
Wǒ xīngqītiān méiyou shénme tèbié de shì.
저는 일요일에 특별한 일이 없습니다.

441 周 zhōu
명 주

下周我想请假。
Xiàzhōu wǒ xiǎng qǐngjià.
다음 주에 저는 휴가를 내고 싶습니다.

442 周末
zhōumò
명 주말

周末我没什么特别的事。
Zhōumò wǒ méi shénme tèbié de shì.
주말에 저는 특별한 일이 없습니다.

443 点
diǎn
명 시

现在七点。
Xiànzài qī diǎn.
지금은 7시입니다.

444 分
fēn
명 분

现在九点四十二分。
Xiànzài jiǔ diǎn sìshí'èr fēn.
지금은 9시 42분입니다.

445 一刻
yíkè
명 15분

现在四点一刻。
Xiànzài sì diǎn yíkè.
지금은 4시 15분입니다.

446

半 bàn
명 30분

现在五点半。
Xiànzài wǔ diǎn bàn.
지금은 5시 반입니다.

447

三刻 sānkè
명 45분

现在七点三刻。
Xiànzài qī diǎn sānkè.
지금 7시 45분입니다.

448

差 chà
동 모자라다

差五分十点。
Chà wǔ fēn shí diǎn.
5분 전 10시입니다.

449

今天 jīntiān
명 오늘

今天是星期一。
Jīntiān shì xīngqīyī.
오늘은 월요일입니다.

450 昨天 zuótiān
명 어제

昨天是星期天。
Zuótiān shì xīngqītiān.
어제는 일요일입니다.

451 前天 qiántiān
명 그저께

前天是星期六。
Qiántiān shì xīngqīliù.
그저께는 토요일입니다.

452 明天 míngtiān
명 내일

明天是星期二。
Míngtiān shì xīngqī'èr.
내일은 화요일입니다.

453 后天 hòutiān
명 모레

后天是星期三。
Hòutiān shì xīngqīsān.
모레는 수요일입니다.

454 今年
jīnnián
명 올해

您今年多大年纪?
Nín jīnnián duōdà niánjì?
당신 올해 연세가 어떻게 되세요?

455 去年
qùnián
명 작년

去年比前年热，今年比去年还热。
Qùnián bǐ qiánnián rè, jīnnián bǐ qùnián hái rè.
작년은 재작년보다 덥고, 올해는 작년보다 더 덥습니다.

456 前年
qiánnián
명 재작년

前年的那天我还记得。
Qiánnián de nàtiān wǒ hái jìde.
재작년의 그날 저는 아직 기억합니다.

457 明年
míngnián
명 내년

我明年要到外国去。
Wǒ míngnián yào dào wàiguó qù.
저는 내년에 외국에 가려고 합니다.

458 后年
hòunián
명 내후년

后年我会成功。
Hòunián wǒ huì chénggōng.
내후년 저는 성공할 것입니다.

459 过年
guònián
동 새해를 맞다

过年的时候，跟家人一起吃饭。
Guònián de shíhou, gēn jiārén yìqǐ chīfàn.
새해를 맞이할 때, 식구들과 밥을 먹습니다.

460 早晨
zǎochén
명 이른 아침, 새벽

他每天早晨跑步。
Tā měitiān zǎochén pǎobù.
그는 매일 새벽에 달리기를 합니다.

461 早上
zǎoshang
명 아침

我每天早上吃饭。
Wǒ měitiān zǎoshang chīfàn.
저는 매일 아침밥을 먹습니다.

462 上午 shàngwǔ
명 오전

我一般上午不忙。
Wǒ yìbān shàngwǔ bù máng.
저는 보통 오전에 바쁘지 않습니다.

463 中午 zhōngwǔ
명 점심

我们中午要吃什么？
Wǒmen zhōngwǔ yào chī shénme?
우리 점심에 뭐 먹죠?

464 下午 xiàwǔ
명 오후

我一般下午很忙。
Wǒ yìbān xiàwǔ hěn máng.
저는 보통 오후에 바쁩니다.

465 晚上 wǎnshang
명 저녁

昨天晚上开始头疼。
Zuótiān wǎnshang kāishǐ tóuténg.
어제 저녁에 머리가 아프기 시작했습니다.

466 分钟 fēnzhōng
명 분

我等了五分钟。
Wǒ děngle wǔ fēnzhōng.
저는 5분 기다렸습니다.

467 刚才 gāngcái
명 방금, 막

你刚才做什么?
Nǐ gāngcái zuò shénme?
당신은 방금 무엇을 했나요?

468 目前 mùqián
명 현재

目前手头紧,不打算买车。
Mùqián shǒutou jǐn, bù dǎsuan mǎi chē.
현재 주머니 사정이 안 좋아서 차를 살 계획이 없다.

469 平时 píngshí
명 평소

你平时做什么?
Nǐ píngshí zuò shénme?
당신은 평소에 무엇을 하나요?

470 时候
shíhou
명 때

你什么时候有课?
Nǐ shénme shíhou yǒu kè?
당신은 언제 수업이 있나요?

471 时间
shíjiān
명 시간

你什么时候有时间?
Nǐ shénme shíhou yǒu shíjiān?
당신은 언제 시간이 있나요?

472 提前
tíqián
동 (예정된 시간을) 앞당기다

晚上不回来吃饭提前说一声。
Wǎnshang bù huílái chīfàn tíqián shuō yì shēng.
저녁에 오지 않으면 밥 먹기 전에 미리 말해줘요.

473 未来
wèilái
명 미래

不远的未来你会成功的。
Bù yuǎn de wèilái nǐ huì chénggōng de.
멀지 않은 미래에 저는 성공할 것입니다.

474 现在 xiànzài
명 현재

现在天气很冷。
Xiànzài tiānqì hěn lěng.
지금 날씨는 춥습니다.

475 小时 xiǎoshí
명 시간

我等你一个小时了。
Wǒ děng nǐ yí ge xiǎoshí le.
저는 당신을 한 시간 기다렸습니다.

476 一会儿 yíhuìr
명 잠시, 곧

我们一会儿见吧。
Wǒmen yíhuìr jiàn ba.
우리 좀 있다 만나요.

477 以后 yǐhòu
명 이후

我们吃饭以后，喝咖啡吧。
Wǒmen chīfàn yǐhòu, hē kāfēi ba.
우리 밥 먹고 난 후, 커피 마셔요.

478 以前 yǐqián
명 이전

以前我也是这么想的。
Yǐqián wǒ yě shì zhème xiǎng de.
이전에 저 역시 이렇게 생각했습니다.

479 最近 zuìjìn
명 최근

最近工作很忙。
Zuìjìn gōngzuò hěn máng.
최근에 일이 바쁩니다.

480 按时 ànshí
부 제때에

你得按时上班。
Nǐ děi ànshí shàngbān.
당신은 제 시간에 출근해야 해요.

481 马上 mǎshàng
부 곧, 즉시

马上准备，请稍等。
Mǎshàng zhǔnbèi, qǐng shāo děng.
곧 준비돼요, 좀 기다리세요.

482

改天 gǎitiān
명 다른 날, 후일

改天我们再说吧。
Gǎitiān wǒmen zài shuō ba.
다음에 우리 다시 말해요.

483

上次 shàngcì
명 지난 번

上次说过的事情还没解决。
Shàngcì shuō guo de shìqíng hái méi jiějué.
지난번에 말했던 일은 아직 해결되지 않았습니다.

484

下次 xiàcì
명 다음 번

下次再来，我会给你做菜。
Xiàcì zài lái, wǒ huì gěi nǐ zuòcài.
다음에 다시 오면, 제가 요리 해드릴게요.

485

这次 zhècì
명 이번

这次考试考砸了
Zhècì kǎoshì kǎo zá le.
이번 시험 망쳤어요.

486 那次
nàcì
명 저번

这次比那次好多了。
Zhècì bǐ nàcì hǎo duō le.
이번은 저번보다 좋아졌습니다.

487 延长
yáncháng
동 연장하다

韩国人的平均寿命在延长。
Hánguórén de píngjūn shòumìng zài yáncháng.
한국인의 평균 수명은 연장되고 있습니다.

488 迟到
chídào
동 늦다

不好意思，路上堵车了，我迟到了。
Bùhǎoyìsi, lùshang dǔchē le, wǒ chídào le.
죄송하지만, 길이 막혀서, 제가 늦었어요.

小心[xiǎoxīn] 조심하다

중국어로 小心은 '조심하다'라는 의미를 가진다.
소심이라고 하면 小心으로 '마음이 작다'라는 의미이다.
그래서 한국에서는 '너 왜 그렇게 소심해'라고 표현을 할 때 小心을 쓴다. 한국식 한자로 그대로 생각하여 마음이 작다. 소심하다로 착각하는 경우가 많은데, 중국어로는 '조심하다'라는 의미이다.

小心으로 표현법을 배워 보자.

- 路上小心。 길 조심하세요.
  Lùshang xiǎoxīn.

- 过马路要小心。 길 건널 때는 조심하세요.
  Guò mǎlù yào xiǎoxīn.

- 走路不小心, 把脚给歪了。 길 걸을 때 조심하지 않아서, 발을 삐었어요.
  Zǒulù bù xiǎoxīn, bǎ jiǎo gěi wāi le.

小气으로 표현법을 배워 보자.

- 那个人真小气。 그 사람은 정말 소심해요.
  Nà ge rén zhēn xiǎoqì.

- 他很小气的, 我不想跟他说话。
  그는 매우 소심해서, 저는 그와 이야기하고 싶지 않아요.
  Tā hěn xiǎoqì de, wǒ bù xiǎng gēn tā shuōhuà.

- 我不喜欢跟这种小气的人打交道。
  저는 이러한 사람과 알고 지내고 싶지 않습니다.
  Wǒ bù xǐhuan gēn zhè zhǒng xiǎoqì de rén dǎ jiāodào.

12 번호

숫자와 관련된
어휘 역시
발음에
주의한다

시간사와 마찬가지로 숫자를 말할 때는 정확한 발음이 중요하다.
전화 번호, 연도, 버스 번호, 동, 호수에 이르기까지 숫자에 관련된 문제들이 자주 출제된다.
여러 개의 숫자가 나열 될 때 더욱더 신중하게 발음을 해야 한다.

Key Point

① 숫자 읽기

전화 번호, 방 번호, 버스 노선 번호는 한 자리씩 읽으면 된다.
단 버스 노선 번호의 경우 버스 번호 + 路로 말한다.
두 자리 숫자의 번호는 숫자를 하나씩 부르면 안 되고, 숫자를 세는 법으로 읽는다. 세 자리의 경우는 두 가지 방법 모두 사용이 가능하다.

- 4619 - 1015 四六幺九 幺零幺九
                  sì liù yāo jiǔ yāo líng yǎo jiǔ
- 108번 버스 幺零八路 yāo líng bā lù
- 1505호 幺五零五号房间 yāo wǔ líng wǔ hào fángjiān

예와 같이 '1'의 경우는 yāo라고 발음을 해야 한다.
번호의 중간 자릿수에 숫자 '0'이 있을 경우, 零[líng]으로 읽는다.

핵심 표현

① 你的电话号码是多少?
Nǐ de diànhuà hàomǎ shì duōshao?
당신 전화 번호는 무엇인가요?

② 你知道他的电话号码吗?
Nǐ zhīdao tā de diànhuà hàomǎ ma?
당신은 그의 전화 번호를 아시나요?

③ 他们得坐几路车回家?
Tāmen děi zuò jǐ lù chē huíjiā?
그들은 몇 번 버스를 타고 집에 가야 하나요?

④ 他住在三零幺号房间。
Tā zhù zài sān líng yāo hào fángjiān.
그는 301호 방에 삽니다.

489

零 líng
수 영

我是一九九零年出生的。
Wǒ shì yī jiǔ jiǔ líng nián chūshēng de.
저는 1990년에 출생했습니다.

490

一 yī
수 일

我是大一。
Wǒ shì dà yī.
저는 대학교 1학년입니다.

491

二 èr
수 둘

我是高二。
Wǒ shì gāo èr.
저는 고등학교 2학년입니다.

492

三 sān
수 삼

我家有三口人。
Wǒ jiā yǒu sān kǒu rén.
저는 세 식구가 있습니다.

493

四 sì
수 사

他有四个兄弟姐妹。
Tā yǒu sì ge xiōngdìjiěmèi.
그는 4명의 형제 자매가 있습니다.

494

五 wǔ
수 오

她五岁开始学汉语。
Tā wǔ suì kāishǐ xué Hànyǔ.
그녀는 5살 때 중국어를 배우기 시작했습니다.

495

六 liù
수 육

我们一共六个人。
Wǒmen yígòng liù ge rén.
우리는 총 6명입니다.

496

七 qī
수 칠

今天是七月一号。
Jīntiān shì qī yuè yī hào.
오늘은 7월 1일입니다.

497

八 bā
- 수 팔

他有一米八。
Tā yǒu yì mǐ bā.
그는 1미터 80입니다.

498

九 jiǔ
- 수 구

我去过九次上海。
Wǒ qùguo jiǔ cì Shànghǎi.
저는 9번 상해를 가 본 적이 있습니다.

499

十 shí
- 수 열

我爷爷今年九十岁了。
Wǒ yéye jīnnián jiǔshí suì le.
저의 할아버지는 올해 90살이 되었습니다.

500

幺 yāo
- 수 일(전화번호나 동, 호수, 세 자리 버스번호시)

他得坐幺零八路公共汽车回家。
Tā děi zuò yāo líng bā lù gōnggòngqìchē huíjiā.
그는 108번 버스를 타고 집에 가야 합니다.

501

百 bǎi
- 수 백

一年有三百六十五天。
Yī nián yǒu sān bǎi liùshíwǔ tiān.
1년은 365일이 있습니다.

502

千 qiān
- 수 천

这辆车一千块钱。
Zhè liàng chē yì qiān kuài qián.
이 자동차는 천 원입니다.

503

万 wàn
- 수 만

一万韩币换成多少人民币?
Yí wàn hánbì huàn chéng duōshao rénmínbì?
만 원의 한국 돈은 인민폐로 얼마인가요?

504

电话号码 diànhuà hàomǎ
- 명 전화 번호

我的电话号码是零幺零幺幺八八七九五。
Wǒ de diànhuà hàomǎ shì líng yāo líng yāo yāo bā bā qī jiǔ wǔ.
저의 전화 번호는 010 1188 795입니다.

505 手机号码

shǒujī hàomǎ
명 핸드폰 번호

你的手机号码是多少?
Nǐ de shǒujī hàomǎ shì duōshao?
당신의 핸드폰 번호는 몇 번인가요?

506 房间号码

fángjiān hàomǎ
명 방 번호

我忘了房间号码。
Wǒ wàngle fángjiān hàomǎ.
저는 방 번호를 잊어 버렸습니다.

'不' '没'

'不'와 '没'는 동사나 형용사 앞에 쓰여 동작이나 성질, 상태를 부정한다. 일반적으로 현재와 미래의 일을 부정할 때는 '不'를, 과거의 일을 부정할 때는 '没'를 쓴다고 생각할 수 있으나 그 의미와 활용이 상황에 따라 서로 다르다.

과거를 나타내는 문장에 '不'를 쓸 수 없고, 미래를 나타내는 문장에 '没'를 쓸 수 없는 것이 아니다. 미래와 과거의 차이점에 있는 것이 아니다.
상황에 따라 활용도가 다를 수가 있기 때문이다.

	'不'	'没'
동작, 행위 (동사)를 부정	(1) 개인의 바람을 나타냄 (2) 규칙적이거나 습관적인 행위 부정	어떤 행위가 이미 발생했음을 객관적으로 서술하여 부정
판단, 예측, 인지 부정	不是 不像 不会 不应该 不知道 등의 형식으로 쓰임	×
성질, 상태 (형용사)부정	어떤 성질이나 상태를 지니고 있지 않는 것을 나타냄	성질이나 상태의 변화나 발생을 부정

13 단위

단위를
읽는 법과
나이와 키 등의
표현을
알아본다

단위는 사람, 사물, 장소에 대한 가장 기본적인 정보를 객관적으로 전달하는 수단이다.

나이, 키, 무게, 몸무게, 체온, 거리, 온도 등과 같은 다양한 단위들이 있다. 각 단위별로 읽는 방법이 틀리기 때문에 확실하게 숙지해야 한다.

Key Point

① 단위를 읽는 법

소수점 아래는 숫자를 하나씩 따로 읽어야 한다.
- 1.89m 一米八九 yì mǐ bā jiǔ
- 37.4℃ 三十七度四 sān shí qī dù sì

단위를 표현할 때는 가운데 '0'은 반드시 읽어 주고, 반복되는 경우 한 번만 읽는다.
- 2005m 两千零五米 liǎng qiān líng wǔ mǐ.

② 나이를 물어보는 방법

- 你几岁? [Nǐ jǐ suì?]
  너는 몇 살이니? (10살 미만인 아이에게)

- 你多大? [Nǐ duō dà?]
  당신은 나이가 어떻게 되나요? (비슷하거나 동년배에게)

- 您多大年纪了? [Nín duō dà niánjì le?]
  당신은 연세가 어떻게 되십니까? (어른에게)

③ 키를 표현할 때

중국에서는 미터 단위에 먼저 '米'를 넣어서 답을 한다.
- 189cm 一米八九 yì mǐ bā jiǔ
- 165cm 一米六五 yì mǐ liù wǔ

핵심 표현

① 他个子有多高?
Tā gèzi yǒu duō gāo?
그의 키는 몇 인가요?

② 他有多重?
Tā yǒu duō zhòng?
그는 몇 킬로그램인가요?

③ 离这儿多远?
Lí zhèr duō yuǎn?
이곳으로부터 얼마나 머나요?

④ 蓝色铅笔多长?
Lánsè qiānbǐ duō cháng?
파란색 연필은 길이가 얼마인가요?

507 厘米 límǐ
양 센티미터

铅笔十七厘米。
Qiānbǐ shíqī límǐ.
연필은 17센티미터입니다.

508 米 mǐ
양 미터

他有一米八三。
Tā yǒu yì mǐ bā sān.
그는 1미터83센티미터입니다.

509 克 kè
양 그램

一公斤就是一千克。
Yì gōngjīn jiùshì yì qiān kè.
1킬로그램은 1천 그램입니다.

510 斤 jīn
양 근

猪肉一斤四块五。
Zhūròu yì jīn sì kuài wǔ.
돼지고기는 한 근에 4.5원입니다.

511 公斤 gōngjīn
양 킬로그램

他有九十六公斤。
Tā yǒu jiǔshíliù gōngjīn.
그는 96킬로그램입니다.

512 吨 dūn
양 톤

今天生产量一百吨。
Jīntiān shēngchǎnliàng yì bǎi dūn.
오늘 생산량은 백 톤입니다.

513 升 shēng
양 리터

一瓶啤酒的用量是一升。
Yì píng píjiǔ de yòngliàng shì yì shēng.
맥주 한 병의 용량은 1리터입니다.

514 公里 gōnglǐ
양 킬로미터

从这儿到那儿十八公里。
Cóng zhèr dào nàr shíbā gōnglǐ.
이곳에서 저곳까지는 18킬로미터입니다.

515 毫米 háomǐ
양 밀리미터

白天有雨降水量最大120毫米。
Báitiān yǒu yǔ jiàngshuǐliàng zuì dà yì bǎi èrshí háomǐ.
낮에 비가 와서 강수량이 최대 120밀리미터이다.

516 层 céng
양 층

我住在一层。
Wǒ zhù zài yī céng.
저는 1층에 삽니다.

517 楼 lóu
양 층

书店在四楼。
Shūdiàn zài sì lóu.
서점은 4층입니다.

518 度 dù
양 도

今天的温度是零下五度。
Jīntiān de wēndù shì língxià wǔ dù.
오늘의 온도는 영하 5도입니다.

519 岁 suì
양 나이(살)

我今年二十一岁。
Wǒ jīnnián èrshíyī suì.
저는 올해 21살입니다.

이것만은 헷갈리지 말자

📝 九点 ≠ 酒店

중국에도 9시 뉴스가 있다. 중국에 있을 때 자주 보던 프로그램 역시 9시 뉴스였기 때문에 익숙한 단어로 자리잡고 있다.
중국에는 호텔이라는 단어가 몇 가지 있다. 각 단어별로 의미가 약간씩 차이가 있기 때문에 미묘한 차이에 대해서 확실하게 학습을 해야 한다.

九点[jiǔ diǎn] 9시

- 现在九点吗? 현재 9시입니까?
  Xiànzài jiǔ diǎn ma?

- 差五分九点。 5분 전 9시입니다.
  Chà wǔ fèn jiǔ diǎn.

- 我们九点见面吧。 우리 9시에 만납시다.
  Wǒmen jiǔ diǎn jiànmiàn ba.

酒店[jiǔdiàn] 호텔

- 你住在哪家酒店? 당신은 어느 호텔에 묵습니까?
  Nǐ zhù zài nǎ jiā jiǔdiàn?

- 我住在北京酒店。 저는 베이징호텔에 묵습니다.
  Wǒ zhù zài Běijīng jiǔdiàn.

- 这家酒店住一天多少钱? 이 호텔은 하루에 얼마에요?
  Zhè jiā jiǔdiàn zhù yì tiān duōshǎo qián?

14 교통

교통 수단별로 다양한 표현법을 익힌다

교통의 경우는 매우 밀접하게 접하는 수단이다.
버스, 지하철, 택시, 자전거 등 다양한 교통 수단에 대한 질문이 출제된다. 교통과 관련된 단어들을 익혀 보자.

Key Point

① 骑[qí] 와 坐[zuò] 구분

자전거와 같이 다리를 벌리고 타는 교통 수단(오토바이, 말)은 骑[qí] + 교통 수단, 대중 교통과 같은 것을 탈 때는 坐[zuò] + 교통 수단으로 표현을 한다.

- 骑[qí]로 사용하는 교통 수단
  自行车[zìxíngchē] 자전거, 摩托车[mótuōchē] 오토바이, 马[mǎ] 말

- 坐[zuò]로 사용하는 교통 수단
  公共汽车[gōnggòngqìchē] 버스,
  出租车[chūzūchē] 택시, 地铁[dìtiě] 전철,
  火车[huǒchē] 기차, 飞机[fēijī] 비행기

② 버스 노선 번호 읽기

100보다 큰 숫자의 버스 노선 번호는 일반적인 숫자 읽는 방법과 한 자리씩 읽는 방법 모두 사용할 수 있다.
- 108路 幺零八路 yāo líng bā lù.

100번 이하 버스 노선 번호는 일반적인 숫자 읽는 방법으로 읽는다.
- 23路 二十三路 èrshísān lù.

핵심 표현

① 他怎么去中国?
Tā zěnme qù Zhōngguó?
그는 어떻게 중국에 가나요?

② 他怎么去公司?
Tā zěnme qù gōngsī?
그는 어떻게 회사에 가나요?

③ 他坐几路公共汽车?
Tā zuò jǐ lù gōnggòngqìchē?
그는 몇 번 버스를 타고 가나요?

④ 她要坐几路公交车?
Tā yào zuò jǐ lù gōngjiāochē?
그녀는 몇 번 버스를 타야 하나요?

520 交通 jiāotōng
명 교통

首尔的交通堵车很厉害。
Shǒu'ěr de jiāotōng dǔchē hěn lìhai.
서울의 교통이 막히는 것이 심하다.

521 公共汽车 gōnggòngqìchē
명 버스

这儿附近有公共汽车站。
Zhèr fùjìn yǒu gōnggòngqìchē zhàn.
이 근처에 버스 정류장이 있습니다.

522 公交车 gōngjiāochē
명 버스

坐公交车比较方便。
Zuò gōngjiāochē bǐjiào fāngbiàn.
버스를 타는 것은 비교적 편리하다.

523 出租汽车 chūzūqìchē
명 택시

都十二点了，我们还是坐出租汽车吧。
Dōu shí'èr diǎn le, wǒmen háishi zuò chūzūqìchē ba.
벌써 12시인데, 우리 택시 타는 것이 나을 것 같아요.

524 的士 díshì
명 택시

我很忙的时候，我坐的士。
Wǒ hěn máng de shíhou, wǒ zuò díshì.
저는 바쁠 때, 저는 택시를 탑니다.

525 打车 dǎchē
동 택시를 잡다

我们打车去吧。
Wǒmen dǎchē qù ba.
우리 택시 잡아서 가요.

526 地铁 dìtiě
명 전철

我觉得坐地铁更快。
Wǒ juéde zuò dìtiě gèng kuài.
저 생각에는 전철을 타는 것이 더 빠릅니다.

527 火车 huǒchē
명 기차

七点火车票都卖完了。
Qī diǎn huǒchē piào dōu màiwán le.
7시 기차표는 다 팔렸습니다.

528 飞机 fēijī
명 비행기

我是第一次坐飞机的。
Wǒ shì dì-yīcì zuò fēijī de.
저는 처음으로 비행기를 탑니다.

529 高铁 gāotiě
명 고속 철도

你坐过高铁吗?
Nǐ zuòguo gāotiě ma?
당신은 고속 철도를 타 본 적이 있나요?

530 往返 wǎngfǎn
동 왕복하다

我要订往返的机票。
Wǒ yào dìng wǎngfǎn de jīpiào.
저는 왕복 비행기 표를 예약하려고 합니다.

531 单程 dānchéng
명 편도

您要订单程还是往返?
Nín yào dìng dānchéng háishi wǎngfǎn?
당신은 편도를 예약하려고 하나요 아니면 왕복을 원하시나요?

532

座位 zuòwèi
명 자리

我要窗户的座位。
Wǒ yào chuānghu de zuòwèi.
저는 창가 쪽 자리를 원합니다.

533

航班 hángbān
명 항공편

你坐哪个航班?
Nǐ zuò nǎge hángbān?
당신은 어느 항공편을 타시나요?

534

船 chuán
명 배

飞机比船更快。
Fēijī bǐ chuán gèng kuài.
비행기는 배보다 빠릅니다.

535

堵车 dǔchē
동 차가 막히다

每天早上路上很堵车。
Měitiān zǎoshang lùshang hěn dǔchē.
매일 아침 길은 막힙니다.

536 高峰期
gāofēngqī
명 러시아워

这个地铁站从7点到8点是上班的高峰期。
Zhège dìtiě zhàn cóng qī diǎn dào bā diǎn shì shàngbān de gāofēngqī.
이 전철은 7시부터 8시가 출근의 러시아워이다.

537 轿车
jiàochē
명 승용차

这款轿车面市还不到一个月。
Zhè kuǎn jiàochē miànshì hái bú dào yí ge yuè.
이 승용차는 시장에 나온 지 한 달이 안 됐다.

538 号线
hàoxiàn
명 호선

下车后，要换乘二号线就到了。
Xiàchē hòu, yào huànchéng èr hàoxiàn jiù dào le.
하차한 후, 2호선으로 갈아타면 도착합니다.

539 班车
bānchē
명 통근차

我上下班的时候，坐班车。
Wǒ shàngxiàbān de shíhou, zuò bānchē.
저는 출퇴근 시, 통근차를 탑니다.

540

坐 zuò
- 동 (대중교통 등을) 타다

你坐几路车回家?
Nǐ zuò jǐ lù chē huíjiā?
당신은 몇 번 차를 타고 집에 가나요?

541

马路 mǎlù
- 명 큰길, 자동차 도로

过马路要小心。
Guò mǎlù yào xiǎoxīn.
길을 건널 때는 조심해야 한다.

542

站 zhàn
- 명 역

请问，北京站怎么走?
Qǐngwèn, Běijīng zhàn zěnme zǒu?
길 좀 묻겠습니다. 북경역은 어떻게 가나요?

543

路 lù
- 명 번

他们得坐幺幺八路公共汽车。
Tāmen děi zuò yāo yāo bā lù gōnggòngqìchē.
그들은 118번 버스를 타야 합니다.

544 公路 gōnglù
명 도로

这条路是收费公路。
Zhè tiáo lù shì shōufèi gōnglù.
이 길은 유료 도로입니다.

545 事故 shìgù
명 사고

今天发生了交通事故。
Jīntiān fāshēngle jiāotōng shìgù.
오늘 교통 사고가 발생했습니다.

546 高速公路 gāosù gōnglù
명 고속도로

我们走高速公路去吧。
Wǒmen zǒu gāosù gōnglù qù ba.
우리 고속도로로 갑시다.

547 起飞 qǐfēi
동 이륙하다

你几点的起飞?
Nǐ jǐ diǎn de qǐfēi?
당신은 몇 시 비행기인가요?

 합격 사례 (5급 획득)

TSC시험에서 가장 중요한 것은 정확한 발음과 정확한 성조입니다.
아무리 많은 말을 한다고 해도 정확하지 않은 발음으로는 좋은 점수를 받기가 힘들기 때문에 가장 중요한 것은 작은 것으로부터 시작한다는 것을 기억해야 한다.

- ▶ 성함 : 이○○
- ▶ 직업 : 대기업 회사원
- ▶ 과외 학습기간 : 2015년 9월 22일~2015년 11월 10일
- ▶ 이전 학습기간 : 중국어 학습기간 8개월
- ▶ 수준 평가 : 많은 어휘량을 가졌지만 정확하지 않은 발음으로 인해 문장을 읽을 때 자연스럽지 않음으로 이해하기가 힘들었음
- ▶ 수업 내용 : 발음과 성조에 유의하여 지도했고, 수업의 절반의 시간을 발음과 성조에 집중하였다.

제3부분과 제4부분은 기존 시험의 유형과 모의고사, 기출문제들을 무한 반복하여 자동으로 나오게 했습니다.
- ▶ 수업 과제 : 매일 음성 녹음을 하여 잘못된 성조 발음을 수정했습니다.
- ▶ 수업 시간 : 매주 2회 2시간씩 수업
- ▶ 총평 : 본인이 연습을 많이 했습니다. 음성 과제를 일주일에 3번 이상 전달하여 피드백을 받았고, 틀린 부분에 대해서는 교정이 될 때까지 연습을 했을 정도로 학습자의 열정이 매우 컸기 때문에 좋은 점수를 받을 수 있었다.

15 장소

다양한 장소 관련 단어를 익혀 보자

장소 관련해서는 꼭 기억을 해야 한다.
일상생활 속에 있는 장소이거나 구체적인
장소를 묻는 문제가 많이 출제된다.
다양한 장소의 단어에 대해 익혀 보자.

존재의 표현 ('在', '有', '是')

테이블 위에 꽃병이 있다. 신문은 소파 위에 있다. 사람이나 사물의 존재를 나타내는 표현법이다.
사용되는 동사는 '在', '有', '是' 등이다.

☑ '어떤 장소에 사람 / 사물이 있다'에는 有를 사용
   장소 + 有 + 존재하는 것
   · 墙上有一张照片。 벽에는 사진이 걸려 있다.
   Qiáng shang yǒu yì zhāng zhàopiàn.

   · 家里有两只狗。 집에는 두 마리의 개가 있다.
   jiā li yǒu liǎng zhī gǒu.

☑ 사람 / 사물은 어떤 장소에 있다에는 '在'를 사용
   존재하는 것 + 在 + 장소
   · 你的汉语书在桌子上。 당신의 중국어 책은 탁자 위에 있다.
   Nǐ de Hànyǔ shū zài zhuōzi shang.

☑ 존재를 나타내는 '是'
   장소 + 是 + 존재하는 것
   · 书包里都是书。 책가방 안에는 책만 있다.
   Shūbāo li dōushì shū.

핵심 표현

① 他们在哪里?
Tāmen zài nǎlǐ?
그들은 어디에 있나요?

② 他们在哪儿?
Tāmen zài nǎr?
그들은 어디에 있나요?

③ 洗手间在几楼?
Xǐshǒujiān zài jǐ lóu?
화장실은 몇 층에 있나요?

④ 网吧旁边是什么?
Wǎngbā pángbiān shì shénme?
PC방 옆쪽에는 무엇이 있나요?

548 银行 yínháng
명 은행

银行在邮局和书店中间。
Yínháng zài yóujú hé shūdiàn zhōngjiān.
은행은 우체국과 서점 중간에 있습니다.

549 邮局 yóujú
명 우체국

邮局对面是一家银行。
Yóujú duìmiàn shì yì jiā yínháng.
우체국 맞은편이 은행입니다.

550 书店 shūdiàn
명 서점

书店旁边有一家银行。
Shūdiàn pángbiān yǒu yì jiā yínháng.
서점 옆에는 은행이 있습니다.

551 学校
명 학교

学校在电影院旁边。
Xuéxiào zài diànyǐngyuàn pángbiān.
학교는 극장 옆에 있습니다.

552 游泳池
yóuyǒngchí
명 수영장

游泳池一直往前走就到了。
Yóuyǒngchí yìzhí wǎng qián zǒu jiù dào le.
수영장은 쭉 앞으로 가면 도착합니다.

553 咖啡厅
kāfēitīng
명 커피숍

我们在咖啡厅见面吧。
Wǒmen zài kāfēitīng jiànmiàn ba.
우리 커피숍에서 만나요.

554 花店
huādiàn
명 꽃집

这附近有没有花店?
Zhè fùjìn yǒuméiyou huādiàn?
이 근처에 꽃집이 있나요?

555 电影院
diànyǐngyuàn
명 극장

他在电影院看电影。
Tā zài diànyǐngyuàn kàn diànyǐng.
그는 극장에서 영화를 봅니다.

556 洗手间 xǐshǒujiān
명 화장실

洗手间怎么走?
Xǐshǒujiān zěnme zǒu?
화장실은 어떻게 가나요?

557 动物园 dòngwùyuán
명 동물원

爸爸和孩子在动物园。
Bàba hé háizi zài dòngwùyuán.
아빠와 아이는 동물원에 있습니다.

558 公园 gōngyuán
명 공원

他们在公园散步。
Tāmen zài gōngyuán sànbù.
그들은 공원에서 산책을 합니다.

559 网吧 wǎngbā
명 PC방

他在网吧上网。
Tā zài wǎngbā shàngwǎng.
그는 PC방에서 인터넷을 한다.

560 厨房 chúfáng
명 주방

妈妈在厨房做菜。
Māma zài chúfáng zuòcài.
엄마는 주방에서 요리를 하고 있습니다.

561 宿舍 sùshè
명 기숙사

他们在宿舍学习。
Tāmen zài sùshè xuéxí.
그들은 기숙사에서 공부합니다.

562 办公室 bàngōngshì
명 사무실

他在办公室工作。
Tā zài bàngōngshì gōngzuò.
그는 사무실에서 일합니다.

563 体育馆 tǐyùguǎn
명 체육관

他每个周末去体育馆运动。
Tā měi ge zhōumò qù tǐyùguǎn yùndòng.
그는 매 주말 체육관에 가서 운동을 합니다.

564 酒店 jiǔdiàn
명 호텔

那家酒店又干净又便宜。
Nà jiā jiǔdiàn yòu gānjìng yòu piányi.
그 호텔은 깨끗하고 쌉니다.

565 宾馆 bīnguǎn
명 호텔

这家宾馆一天多少钱?
Zhè jiā bīnguǎn yì tiān duōshao qián?
그 호텔은 하루에 얼마인가요?

566 饭店 fàndiàn
명 호텔

这家饭店我昨天晚上预订了。
Zhè jiā fàndiàn wǒ zuótiān wǎnshang yùdìng le.
이 호텔에 어제 저녁에 예약을 했습니다.

567 酒吧 jiǔbā
명 술집

我下班后在酒吧里跟同事喝酒。
Wǒ xiàbān hòu zài jiǔbā li gēn tóngshì hējiǔ.
저는 퇴근하고 술집에서 동료들과 술을 마십니다.

568

医院 yīyuàn
명 병원

医院在电影院和邮局中间。
Yīyuàn zài diànyǐngyuàn hé yóujú zhōngjiān.
병원은 극장과 우체국 중간에 있습니다.

569

机场 jīchǎng
명 공항

他在机场接客人。
Tā zài jīchǎng jiē kèrén.
그는 공항에서 손님을 영접합니다.

570

火车站 huǒchēzhàn
명 기차역

现在去火车站来得及。
Xiànzài qù huǒchēzhàn láidejí.
지금 기차역에 가면 늦지 않습니다.

이것만은 헷갈리지 말자

📝 想出来 와 想起来

想起来 : 원래 기억하고 있던 정보를 잊어버렸다가 생각해 내다.

동사 + 起来

1) 동작이 시작되고 지속됨
   大家都笑起来了。 모두가 웃기 시작했다.
   Dàjiā dōu xiào qǐlái le.

2) 분산되어 있다가 모임
   我们应该团结起来。 우리들은 모여야 한다.
   Wǒmen yīnggāi tuánjié qǐlái.

3) ~할 때, ~하기에(뒤에 사물에 대한 견해 / 평가 등이 따른다.)
   说起来容易，做起来难。 말하기는 쉽고, 하기는 어렵다.
   Shuō qǐlái róngyì, zuò qǐlái nán.

   听起来，很好听。 들을 때, 듣기 좋다.
   Tīng qǐlái, hěn hǎotīng.

想出来 : 사고를 통해서 새롭게 의견이나 방법 등을 생각해 내다.

동사 + 出来

1) 無 → 有
   想出来了。 생각이 떠올랐다.
   Xiǎng chūlái le.

2) 어떤 동작을 식별해 내다.
   看出来了。 알아차렸다.
   Kàn chūlái le.

16 방향

장소와 방향을 나타내는 단어를 알아본다

방향사에 대해서도 자주 출제되는 문제들이다.
장소 부분과 관련이 있기 때문에 장소에 대한 단어와 동시에 기억을 해야 한다.

Key Point

진행 방향 혹은 사물의 위치를 나타내는 명사를 방위명사라고 한다. 단순방위명사와 합성방위명사가 있으며, 단순방위명사는 일반적으로 명사 뒤에 위치하여 장소나 시간을 나타내며, "面", "边", "头" 등을 붙여 사용한다. 이 때 "面", "边", "头"는 경성으로 읽는다.

단순방위명사	边	头	面	间
上	上边	上头	上面	×
下	下边	下头	下面	×
前	前边	前头	前面	×
后	后边	后头	后面	×
里	里边	里头	里面	×
外	外边	外头	外面	×
旁	旁边	×	×	×
中	×	×	×	中间

핵심 표현

① 孩子在爷爷和奶奶中间。
Háizi zài yéye hé nǎinai zhōngjiān.
아이는 할아버지와 할머니 중간에 있습니다.

② 树旁边有一只狗。
Shù pángbiān yǒu yì zhī gǒu.
나무 옆에는 한 마리의 개가 있습니다.

③ 桌子上有一本书。
Zhuōzi shàng yǒu yì běn shū.
책상 위에는 한 권의 책이 있습니다.

④ 银行在邮局对面。
Yínháng zài yóujú duìmiàn.
은행은 우체국 맞은편에 있습니다.

571 上边 shàngbian
명 위쪽

眼镜在桌子上边。
Yǎnjìng zài zhuōzi shàngbian.
안경은 책상 위에 있습니다.

572 下边 xiàbian
명 아래쪽

袜子在椅子下边。
Wàzi zài yǐzi xiàbian.
양말은 의자 아래에 있습니다.

573 左边 zuǒbian
명 왼쪽

床上左边有什么?
Chuáng shang zuǒbian yǒu shénme?
침대 왼쪽에는 무엇이 있나요?

574 右边 yòubian
명 오른쪽

桌子右边有一只猫。
Zhuōzi yòubian yǒu yì zhī māo.
책상 오른쪽에는 한 마리의 고양이가 있습니다.

575 里边 lǐbian
명 안쪽

书包里边有一本书。
Shūbāo lǐbian yǒu yì běn shū.
책가방에는 한 권의 책이 있습니다.

576 旁边 pángbiān
명 옆쪽

树旁边有一只狗。
Shù pángbiān yǒu yì zhī gǒu.
나무 옆에는 개 한 마리가 있습니다.

577 东边 dōngbian
명 동쪽

学校东边有医院。
Xuéxiào dōngbian yǒu yīyuàn.
학교 동쪽에는 병원이 있습니다.

578 西边 xībian
명 서쪽

图书馆在西边吗?
Túshūguǎn zài xībian ma?
도서관은 서쪽에 있나요?

579

南边 nánbian
명 남쪽

医院在图书馆的南边。
Yīyuàn zài túshūguǎn de nánbian.
병원은 도서관의 서쪽에 있습니다.

580

北边 běibian
명 북쪽

学校在医院和银行北边。
Xuéxiào zài yīyuàn hé yínháng běibian.
학교는 병원과 은행 북쪽에 있습니다.

581

附近 fùjìn
명 부근, 근처

我公司附近有很多餐厅。
Wǒ gōngsī fùjìn yǒu hěn duō cāntīng.
저희 회사 부근에 많은 식당이 있습니다.

582

前边 qiánbian
명 앞쪽

前边有很多自行车。
Qiánbian yǒu hěn duō zìxíngchē.
앞쪽에는 많은 자전거가 있습니다.

583 后边
hòubian
몡 뒤쪽

你的后边有百货大楼。
Nǐ de hòubian yǒu bǎihuòdàlóu.
당신의 뒤쪽에는 백화점이 있습니다.

584 地方
dìfang
몡 곳, 장소

我们在什么地方吃饭?
Wǒmen zài shénme dìfang chīfàn?
우리 어디에서 밥을 먹나요?

585 对面
duìmiàn
몡 맞은편

你的对面有什么?
Nǐ de duìmiàn yǒu shénme?
당신의 맞은편에는 무엇이 있나요?

586 左拐
zuǒ guǎi
동 왼쪽으로 돌다

你在前边左拐就到了。
Nǐ zài qiánbian zuǒ guǎi jiù dào le.
당신 앞쪽에서 좌회전하면 바로 도착합니다.

587 右拐

yòu guǎi
동 오른쪽으로 돌다

你去往右拐。
Nǐ qù wǎng yòu guǎi.
당신은 오른쪽으로 가세요.

588 掉头

diàotóu
동 방향을 돌리다

请在前边掉头。
Qǐng zài qiánbian diàotóu.
앞쪽에서 유턴해 주세요.

중국어로 作业은 '숙제'라는 의미를 가진다.

'나 지금 작업중이야.', '나 지금 작업하고 있어'라고 한다면 여러분들은 어떤 생각을 하세요?
아마도 어떤 남자가 어떤 여자에게 접근을 해서 말을 걸고 있거나 유혹하고 있다고 생각을 하는 사람들이 대부분일 것이다.
한국어로 표현을 하면 그런 추측이 가능해집니다.

作业으로 표현법을 배워 보자.

- 我正在做作业。 저는 숙제를 하고 있어요.
  Wǒ zhèngzài zuò zuòyè.

- 作业做完了没有? 숙제 다 했어요?
  Zuòyè zuò wán le méiyou?

搭讪으로 표현법을 배워 보자.

- 他跟我搭讪了。 그가 나에게 작업을 걸었다.
  Tā gēn wǒ dāshàn le.

- 她很漂亮, 我想跟她搭讪。 그 여자가 예뻐서, 나는 그녀에게 작업하고 싶다.
  Tā hěn piàoliàng. wǒ xiǎng gēn tā dāshàn.

우리말에서 '일을 하다'하는 뜻의 '작업'을 한자로 쓰면 '作业'이 되는데, 중국어에서 '作业'는 '숙제'라는 뜻이다. 그러면 실제 이성에게 하는 작업은 무엇이라고 할까? 搭讪[dāshàn]이라고 표현을 한다. 다른 사람에게 접근하거나 어색한 상황을 모면하기 위해 일부러 말을 꺼내거나 '어색하게 말하다'라는 의미이다. 예문으로 '나한테 접근했어'라는 말을 중국어로 어떻게 표현을 할까?
他跟我搭讪了。[tā gēn wǒ dāshàn le]으로 표현을 하면 된다.

17 동물

동물의
위치와
개, 고양이에 대한
질문에
집중한다

동물에 대한 문제는 사물의 위치, 장소와 관련하여 자주 출제된다.
고양이나 개와 같은 동물이 자주 나오기 때문에 동물과 관련된 양사도 잘 기억하여 대답해야 한다.

Key Point

동물의 위치에 대해 묻는 문제가 많이 출제된다.

- 床上有什么?
  Chuáng shang yǒu shénme?
  침대 위에는 무엇이 있나요?

- 床上的是不是狗?
  Chuáng shang de shìbúshì gǒu?
  침대 위에는 개가 있나요?

- 猫在哪里?
  Māo zài nǎlǐ?
  고양이는 어디에 있나요?

보통 개나 고양이에 대해 물어보는 문제가 많이 나오며, 한 마리 혹은 두 마리에 대해 대답하는 질문이 많다.
답변할 때에는 양사도 함께 답변을 해야 좋은 점수를 얻을 수 있다.

핵심 표현

① 床上有一只猫。
Chuáng shang yǒu yì zhī māo.
침대 위에는 한 마리의 고양이가 있다.

② 沙发上有两只狗。
Shāfā shang yǒu liǎng zhī gǒu.
소파 위에는 두 마리의 개가 있다.

③ 树上有一只小鸟。
Shù shang yǒu yì zhī xiǎoniǎo.
나무 위에는 한 마리의 새가 있습니다.

④ 猫在床上边。
Māo zài chuáng shàngbian.
고양이는 침대 위에 있습니다.

589 猫 māo
명 고양이

床上有两只猫。
Chuáng shang yǒu liǎng zhī māo.
침대 위에는 고양이 두 마리가 있습니다.

590 狗 gǒu
명 개

床旁边有一只狗。
Chuáng pángbiān yǒu yì zhī gǒu.
침대 옆쪽에는 개 한 마리가 있습니다.

591 兔子 tùzi
명 토끼

小兔子在草地上。
Xiǎo tùzi zài cǎodì shang.
토끼가 잔디에 있습니다.

592 鸟 niǎo
명 새

树上有一只小鸟。
Shù shang yǒu yì zhī xiǎo niǎo.
나무 위에는 새 한 마리가 있습니다.

593 熊猫 xióngmāo
명 판다

熊猫的数量在逐渐减少。
Xióngmāo de shùliàng zài zhújiàn jiǎnshǎo.
판다의 수는 점점 감소하고 있습니다.

594 牛 niú
명 소

这头牛肥实。
Zhè tóu niú féishí.
이 소는 튼튼합니다.

595 马 mǎ
명 말

这匹马能跑多快?
Zhè pǐ mǎ néng pǎo duō kuài?
이 말은 얼마나 빠르나요?

596 鸡 jī
명 닭

中国人喜欢鸡肉的菜。
Zhōngguórén xǐhuan jīròu de cài.
중국인들은 닭고기 요리를 좋아합니다.

597 猪 zhū
명 돼지

猪肉比牛肉更便宜。
Zhūròu bǐ niúròu gèng piányi.
돼지고기는 쇠고기보다 더 싸다.

598 猴子 hóuzi
명 원숭이

猴子剥皮吃香蕉。
Hóuzi bāo pí chī xiāngjiāo.
원숭이는 바나나를 까서 먹습니다.

599 老鼠 lǎoshǔ
명 쥐

老鼠吱吱叫着跑了。
Lǎoshǔ zīzī jiàozhe pǎo le.
쥐가 찍찍거리며 도망쳤다.

600 蛇 shé
명 뱀

我最怕的动物是一条蛇。
Wǒ zuì pà de dòngwù shì yì tiáo shé.
제가 가장 무서워하는 동물은 뱀입니다.

이것만은 헷갈리지 말자

大学 ≠ 大雪

중국에서는 종합대학의 경우 '大学'이라고 표현을 한다. 단과대학의 경우 '学院'이라고 표현을 한다. 한국에서 '学院'의 의미는 학원이라는 의미를 가진다. 한국에서 쓰는 '학원'이라는 의미를 중국어로 표현을 하면 补习班[bǔxíbān]으로 표현을 한다. '大雪'은 24절기 중의 하나로 대설이라고 하고, 함박눈을 의미한다.

☑ 大学[dàxué] 대학

- 中国有很多大学。 중국에는 많은 대학이 있습니다.
  Zhōngguó yǒu hěn duō dàxué.

- 你是北京大学的学生吗? 당신은 베이징대학 학생입니까?
  Nǐ shì Běijīng dàxué de xuésheng ma?

- 我不是北京大学的学生。 저는 베이징대학 학생이 아닙니다.
  Wǒ búshì Běijīng dàxué de xuésheng.

- 北京大学是中国的最好的大学吗? 베이징대학은 중국에서 가장 좋은 대학입니까?
  Běijīng dàxué shì Zhōngguó de zuì hǎo de dàxué ma?

☑ 大雪[dàxuě] 대설, 함박눈

- 外边下大雪吗? 바깥에는 함박눈이 내립니까?
  Wàibiān xià dàxuě ma?

- 外边在下大雪。 바깥에는 함박눈이 내리고 있습니다.
  Wàibiān zài xià dàxuě.

- 你喜欢下大雪吗? 당신은 함박눈이 내리는 것을 좋아합니까?
  Nǐ xǐhuan xià dàxuě ma?

- 我喜欢下大雪。 저는 함박눈이 내리는 것을 좋아합니다.
  Wǒ xǐhuan xià dàxuě.

18 날씨/계절

날씨와 계절 표현에 대해 알아본다

날씨 이야기에 계절이 빠질 수는 없다. 다양한 날씨에 대한 표현과 한국의 사계절에 대해서도 설명을 할 수 있어야 한다. 계절의 특징에 대해서도 익혀 보자.

Key Point

① 사계절을 표현할 수 있어야 한다.

你最喜欢什么季节?
Nǐ zuì xǐhuan shénme jìjié?
당신은 어떤 계절을 좋아하나요?

② 현재의 날씨, 특정한 날의 날씨에 대해 답해야 한다.

现在天气怎么样?
Xiànzài tiānqì zěnmeyàng?
현재 날씨는 어떤가요?

九号天气怎么样?
Jiǔ hào tiānqì zěnmeyàng?
9일 날씨는 어떤가요?

现在外边下雨。
Xiànzài wàibiān xiàyǔ.
현재 밖에는 비가 내립니다.

现在天气不冷也不热。
Xiànzài tiānqì bù lěng yě bú rè.
현재 날씨는 춥지도 덥지도 않습니다.

핵심 표현

① 您喜欢哪个季节?
Nín xǐhuan nǎge jìjié?
당신은 어떤 계절을 좋아하시나요?

② 韩国有四个季节。
Hánguó yǒu sìge jìjié.
한국은 사계절이 있습니다.

③ 韩国有春天，夏天，秋天，冬天。
Hánguó yǒu chūntiān, xiàtiān, qiūtiān, dōngtiān.
한국에는 봄, 여름, 가을, 겨울이 있습니다.

④ 韩国四季分明的国家。
Hánguó sìjì fēnmíng de guójiā.
한국은 사계절이 분명한 나라이다.

601 天气 tiānqì
명 날씨

今天的天气真好。
Jīntiān de tiānqì zhēn hǎo.
오늘의 날씨는 정말 좋습니다.

602 气候 qìhòu
명 기후

韩国气候特点是四季分明。
Hánguó qìhòu tèdiǎn shì sìjì fēnmíng.
한국의 기후 특징은 사계절이 분명합니다.

603 暖和 nuǎnhuo
형 따뜻하다

韩国的春天很暖和。
Hánguó de chūntiān hěn nuǎnhuo.
한국의 봄은 따뜻합니다.

604 热 rè
형 덥다

韩国的夏天特别热。
Hánguó de xiàtiān tèbié rè.
한국의 여름은 매우 덥습니다.

605

凉快 liángkuai
형 시원하다

最近天气很凉快。
Zuìjìn tiānqì hěn liángkuai.
최근 날씨는 시원합니다.

606

冷 lěng
형 춥다

我不喜欢冷的天气。
Wǒ bù xǐhuan lěng de tiānqì.
저는 추운 날씨를 좋아하지 않습니다.

607

潮湿 cháoshī
형 습하다

今天又热又潮湿。
Jīntiān yòu rè yòu cháoshī.
오늘은 더우면서 습합니다.

608

干燥 gānzào
형 건조하다

中国北方的气候很干燥。
Zhōngguó Běifāng de qìhòu hěn gānzào.
중국 북방의 기후는 건조합니다.

609 下雨 xiàyǔ
동 비가 내리다

今天下雨下得很厉害。
Jīntiān xiàyǔ xià de hěn lìhai.
오늘 비가 내리는데 많이 내립니다.

610 梅雨 méiyǔ
명 장마

已经开始梅雨季节了。
Yǐjīng kāishǐ méiyǔ jìjié le.
이미 장마 철이 시작되었습니다.

611 暴雨 bàoyǔ
명 폭우

突然下了一场暴雨。
Tūrán xiàle yì chǎng bàoyǔ.
갑자기 폭우가 내렸습니다.

612 下雪 xiàxuě
동 눈이 내리다

今年的冬天没下雪。
Jīnnián de dōngtiān méi xiàxuě.
올해 겨울은 눈이 내리지 않았습니다.

613 刮风
guāfēng
동 바람이 불다

外边大刮风，你不要出去。
Wàibian dà guāfēng, nǐ búyào chūqù.
바깥에는 바람이 부니, 밖에 나가지 말아요.

614 台风
táifēng
명 태풍

今天有台风警报。
Jīntiān yǒu táifēng jǐngbào.
오늘 태풍 경보가 있습니다.

615 晴天
qíngtiān
명 맑은 날씨

天气预报说，明天是晴天。
Tiānqì yùbào shuō, míngtiān shì qíngtiān.
일기 예보에서 내일은 맑다고 합니다.

616 阴天
yīntiān
명 흐린 날씨

看来明天要阴天。
Kànlái míngtiān yào yīntiān.
보아하니 내일은 날씨가 흐릴 겁니다.

617 多云 duōyún
형 구름이 많음

今天多云，好像会下雪。
Jīntiān duōyún, hǎoxiàng huì xiàxuě.
오늘은 구름이 많아서 눈이 내릴 것 같습니다.

618 气温 qìwēn
명 기온

气温降到零度。
Qìwēn jiàng dào líng dù.
기온이 0도까지 내려갔습니다.

619 温度 wēndù
명 온도

温度是二十九度。
Wēndù shì èrshíjiǔ dù.
온도는 29도입니다.

620 打雷 dǎléi
동 번개 치다

我最怕听到打雷的声音。
Wǒ zuì pà tīng dào dǎléi de shēngyīn.
저는 번개 치는 소리 듣는 것을 가장 두려워합니다.

621 彩虹 cǎihóng
명 무지개

彩虹有七种颜色。
Cǎihóng yǒu qī zhǒng yánsè.
무지개는 7가지 색이 있습니다.

622 出汗 chūhàn
동 땀이 나다

运动了一下就出汗了。
Yùndòngle yíxià jiù chūhàn le.
운동을 좀 하니 땀이 났습니다.

623 降水量 jiàngshuǐliàng
명 강수량

今年的降水量比去年多得很。
Jīnnián de jiàngshuǐliàng bǐ qùnián duō de hěn.
올해 강수량은 작년보다 많습니다.

624 春天 chūntiān
명 봄

这儿的春天比较暖和。
Zhèr de chūntiān bǐjiào nuǎnhuo.
이곳의 봄은 비교적 따뜻합니다.

625 夏天 xiàtiān
명 여름

夏天的时候，我喜欢去海边游泳。
Xiàtiān de shíhou, wǒ xǐhuan qù hǎibiān yóuyǒng.
여름에, 저는 해변에 가서 수영하는 것을 좋아합니다.

626 秋天 qiūtiān
명 가을

秋天的时候，我喜欢爬山。
Qiūtiān de shíhou, wǒ xǐhuan páshān.
가을에, 저는 등산을 좋아합니다.

627 冬天 dōngtiān
명 겨울

他每年冬天去滑雪场。
Tā měinián dōngtiān qù huáxuěchǎng.
그는 매년 겨울 스키장에 갑니다.

628 季节 jìjié
명 계절

韩国有四个季节。
Hánguó yǒu sìge jìjié.
한국에는 사계절이 있습니다.

629 四季 sìjì
명 사계절

中国南方的一些地方一年四季都是春天。
Zhōngguó Nánfāng de yìxiē dìfang yì nián sìjì dōushì chūntiān.
중국 남방의 어떤 곳은 1년 내내 봄입니다.

630 分明 fēnmíng
형 명백하다, 분명하다

韩国是四季分明的国家。
Hánguó shì sìjì fēnmíng de guójiā.
한국은 사계절이 분명한 나라입니다.

631 看红叶 kàn hóngyè
단풍을 보다

秋天的时候，很多人去看红叶。
Qiūtiān de shíhou, hěn duōrén qù kàn hóngyè.
가을에, 많은 사람들이 단풍을 보러 갑니다.

이것만은 헷갈리지 말자

一部电影, 一场电影, 一个电影

一部电影, 一场电影, 一个电影은 모두 맞는 표현이다.
하지만 그 의미는 조금씩 다르다.

- ▶ **一部电影**[yí bù diànyǐng] '영화 한 편'이라는 의미이지만, 여기에서 部는 영화의 양사로서 영화 '편, 작품' 정도의 어감이다.

- ▶ **一场电影**[yì chǎng diànyǐng]이라고 할 경우는 우리말로 똑같이 '영화 한 편'이지만 场에는 일회성의 의미가 포함된다.
그래서 보통 한 번 하고 끝나는 스포츠 경기나 연극 등을 세는 양사로 많이 쓰인다.

- ▶ 一场电影이라고 하면 '한 편의 영화', '한 작품의 영화'라는 의미보다 '이번 회의 영화'라는 의미가 된다.

만약 여러 작품의 영화 중에서 무얼 볼까를 고민하다가 "이 영화로 보자"라고 한다면 "**看这部电影吧**"[kàn zhè bù diànyǐng ba], 어느 시간의 영화를 볼까를 고민하다가 "이 영화로 보자"라고 하면 "**看这场电影吧**"[kàn zhè chǎng diànyǐng ba]가 더 적합하다.
그래서 조조영화는 **早场电影**[zǎo chǎng diànyǐng], 심야영화는 **晚场电影**[wǎn chǎng diànyǐng]이라 표현한다.
중국어 회화에서는 영화를 셀 때, 部와 함께 가장 일반적인 양사 个를 사용하기도 한다.
一个电影[yí ge diànyǐng]이라 하면 '영화 한 편'이라는 의미로 일상회화에서 많이 쓰는 표현이 된다.

19 인사

상대를 처음 만날 때의 표현법을 구사할 수 있도록 한다

사람들과의 관계의 시작은 인사로부터 시작된다.
우리는 많은 만남을 통해서 교류를 한다.
다양한 인사법을 통해서 패턴을 익혀 보자.

Key Point

① 상대를 처음 만날 때 표현법을 구사할 수 있어야 한다.

您好! 见到您很高兴。
Nín hǎo ! jiàndào nín hěn gāoxìng.
안녕하세요! 당신을 만나게 되어서 기쁩니다.

② 자신과 상대를 소개할 수 있어야 한다.

我是金京一, 这位是我的上司。
Wǒ shì Jīn Jīngyī, Zhè wèi shì wǒ de shàngsī.
저는 김경일입니다. 이 분은 저의 상사입니다.

③ 만나고 헤어질 때 인사하는 표현법을 구사할 수 있어야 한다.

慢走, 路上小心, 到时候给我打电话。
Mànzǒu, lùshang xiǎoxīn, dào shíhou gěi wǒ dǎ diànhuà.
살펴 가세요, 길 조심하시고요, 도착해서 전화 주세요.

핵심 표현

① 我认识您很高兴。
Wǒ rènshi nín hěn gāoxìng
저는 당신을 알게 되어서 기쁩니다.

② 初次见面, 请多多关照。
Chūcì jiànmiàn, qǐng duōduō guānzhào.
처음 뵙겠습니다, 잘 부탁드립니다.

③ 我最近过得很好, 就是有点儿忙。
Wǒ zuìjìn guò de hěn hǎo, jiùshì yǒudiǎnr máng.
저는 최근에 잘 지냅니다, 그렇지만 좀 바쁩니다.

④ 祝你一路平安。
Zhù nǐ yílù píng'ān.
가시는 길 평안하길 바랍니다.

632 认识 rènshi
동 인식하다, 알다

我认识你很高兴。
Wǒ rènshi nǐ hěn gāoxìng.
당신을 알게 되어서 기쁩니다.

633 初次 chūcì
명 처음

初次见面。
Chūcì jiànmiàn.
처음 뵙겠습니다.

634 见面 jiànmiàn
동 만나다

我们什么时候见面?
Wǒmen shénme shíhòu jiànmiàn?
우리 언제 만나죠?

635 知道 zhīdào
동 알다

我早就知道他会来。
Wǒ zǎojiù zhīdao tā huì lái.
저는 일찍이 그가 올 것을 알았습니다.

636 关照 guānzhào
동 보살피다, 돌보다

请多多关照。
Qǐng duōduō guānzhào.
잘 부탁드립니다.

637 指教 zhǐjiào
동 지도하다

请多多指教。
Qǐng duōduō zhǐjiào.
지도 편달 부탁드립니다.

638 慢走 mànzǒu
동 살펴 가다

今天玩得很有意思,你慢走吧。
Jīntiān wán de hěn yǒu yìsi, nǐ mànzǒu ba.
오늘 재미있었습니다. 살펴 가세요.

639 小心 xiǎoxīn
동 형 조심하다

你慢走,路上小心。
Nǐ mànzǒu, lùshang xiǎoxīn.
살펴 가시고, 길 조심하세요.

640 联系
liánxì
동 연락하다

我们以后继续联系吧。
Wǒmen yǐhòu jìxù liánxì ba.
우리 앞으로 자주 연락해요.

641 好久不见
hǎojiǔbújiàn
오래간만이다

好久不见! 你过得好吗?
Hǎojiǔbújiàn ! nǐ guò de hǎo ma?
오래간만입니다! 잘 지냈어요?

642 名片
míngpiàn
명 명함

这是我的名片。
Zhè shì wǒ de míngpiàn.
이것은 저의 명함입니다.

643 一路顺风
yílùshùnfēng
가는 길이 순조롭다

祝你一路顺风。
Zhù nǐ yílùshùnfēng.
가시는 길이 순조롭기를 바랍니다.

644 一路平安
yílùpíng'ān
평안한 길이 되다

祝你一路平安。
Zhù nǐ yílùpíng'ān.
평안한 길이 되시기를 바랍니다.

645 马马虎虎
mǎmǎhǔhǔ
형 대강대강하다, 그럭저럭이다

我过得马马虎虎。
Wǒ guò de mǎmǎhǔhǔ.
저는 그저 그렇게 지냈어요.

646 还可以
háikěyǐ
그럭저럭

出差的结果还可以。
Chūchāi de jiéguǒ hái kěyǐ.
출장의 결과는 괜찮았어요.

647 招待
zhāodài
명 초대

谢谢你们的招待。
Xièxie nǐmen de zhāodài.
당신들의 초대에 감사합니다.

648 留步 liúbù
동 나오지 마세요

请您留步。
Qǐng nín liúbù.
마중 나오지 마세요.

649 问好 wènhǎo
동 안부를 묻다

替我向他问好。
Tì wǒ xiàng tā wènhǎo.
저를 대신해서 안부 전해주세요.

650 问候 wènhòu
동 안부를 묻다

打电话转达问候。
Dǎ diànhuà zhuǎndá wènhòu.
전화로 안부를 전합니다.

651 保重 bǎozhòng
동 몸조심하다

天冷了，请保重身体。
Tiān lěng le, qǐng bǎozhòng shēntǐ.
날이 추워졌습니다. 건강 조심하세요.

652 欢迎 huānyíng
동 환영하다

欢迎来我家，请坐。
Huānyíng lái wǒ jiā, qǐng zuò.
저희 집에 오신 것을 환영합니다, 앉으세요.

653 打招呼 dǎzhāohu
동 인사하다

她微笑着和我打招呼。
Tā wēixiàozhe hé wǒ dǎzhāohu.
그녀는 웃으면서 저에게 인사를 했습니다.

654 告别 gàobié
동 작별하다

我们就在这儿告别吧。
Wǒmen jiù zài zhèr gàobié ba.
우리 이곳에서 작별해요.

이것만은 헛갈리지 말자

对不起[duìbuqǐ]

'对不起'는 '죄송합니다. 미안합니다.'라는 의미입니다.
유래를 보면 사찰이나 고택 문 앞 혹은 기둥에 한자로 글귀를 써 놓은 것을 보신 적이 있으시나요?
對聯(对联)이라고 한다. 배움이 깊으면 바로 읽어 내리고 주인장과 꺼리로 삼지만 학문이 미치지 못하면 읽는 것마저도 힘이 듭니다. 나의 학문이 아직 미치지 못해 죄송하다는 '对不起(대련 앞에서 일어설 수가 없구나)'라고 말했던 것이 점점 전이되어 학문 외에 다른 것까지도 내가 부족하다는 겸허의 의미를 나타내게 되었다. 무식해서 미안했던 것이 점점 그 사용 범위가 넓어진 것이다.

对不起 ≠ 不好意思[bùhǎoyìsī]

'对不起'와 '不好意思'를 굳이 비교하자면, '对不起'는 '미안하다'라는 의미로 직접적으로 잘못을 했을 때 사용할 수 있으며, '不好意思'는 '유감이다'라는 의미로 간접적으로 실수를 했을 때 사용할 수 있다. 중국인들은 상대방에게 쉽게 자기 감정을 드러내지 않는다.
그런 이유로는 문화대혁명 시기의 시대적인 사건도 일조했다는 것을 부정할 수는 없다. 그 시절에는 말만 잘 못해도 잡혀가기도 하고 목숨을 잃을 수도 있기 때문이다.
그러한 역사적 이유 때문에 중국인들은 쉽게 '미안하다'라는 표현을 하지 않는다는 것을 기억해 두자!

20 축하/칭찬

다양한 축하 표현을 익힌다

세상을 살다 보면 축하할 일이 많이 생긴다.
다양한 축하를 통해서 패턴으로 대답할 수 있도록 단어를 통해서 예문을 익혀 보자.

Key Point

합격, 승진, 결혼, 출산, 생일 등을 맞은 사람에게 축하를 하자

- 恭喜恭喜，祝你们永远幸福，白头到老。
  Gōngxi gōngxi, zhù nǐmen yǒngyuǎn xìngfú, bái tóu dào lǎo.
  축하합니다, 영원히 행복하시고, 백년해로 하세요.

- 祝你生日快乐。
  Zhù nǐ shēngrì kuàilè.
  생일 축하합니다.

- 这是我给你准备的礼物，请收下。
  Zhè shì wǒ gěi nǐ zhǔnbèi de lǐwù, qǐng shōuxià.
  이것은 제가 준비한 선물입니다. 받아주세요.

- 恭喜你当爸爸了，是男孩儿还是女孩儿？
  Gōngxi nǐ dāng bàba le, shì nán háir háishi nǚ háir?
  아빠가 된 것을 축하합니다. 남자 아이에요, 아니면 여자 아이에요?

- 您的老公真是太有本事了。
  Nín de lǎogōng zhēnshì tài yǒu běnshì le.
  당신 남편 정말 능력있군요.

핵심 표현

① 恭喜恭喜，祝贺你。
Gōngxǐ gōngxǐ, zhùhè nǐ.
축하드립니다.

② 我的女儿考上名牌大学了。
Wǒ de nǚér kǎoshàng míngpái dàxué le.
제 딸이 명문 대학에 합격했습니다.

③ 我的爱人升职当部长了。
Wǒ de àiren shēngzhí dāng bùzhǎng le.
제 배우자가 부장으로 승진했습니다.

④ 你真是太厉害了。我羡慕你。
Nǐ zhēnshì tài lìhài le. wǒ xiànmù nǐ.
당신 정말 대단합니다. 부럽습니다.

655 祝贺
zhùhè
동 축하하다

听说你要结婚了，祝贺你。
Tīngshuō nǐ yào jiéhūn le, zhùhè nǐ.
듣기에 곧 결혼한다고 하는데, 축하해요.

656 恭喜
gōngxǐ
동 축하하다

恭喜发财。
Gōngxǐ fācái.
돈 많이 버세요.

657 结婚
jiéhūn
동 결혼하다

我还没结婚。
Wǒ hái méi jiéhūn.
저는 아직 결혼하지 않았어요.

658 婚礼
hūnlǐ
명 결혼식

你能不能参加我的婚礼？
Nǐ néngbunéng cānjiā wǒ de hūnlǐ?
당신은 저의 결혼식에 오실 수 있나요?

659 生 shēng
동 낳다

我的爱人生孩子了。
Wǒ de àiren shēng háizi le.
저의 아내가 아이를 낳았습니다.

660 搬家 bānjiā

동 이사하다

我下个星期要搬家。
Wǒ xiàge xīngqī yào bānjiā.
저는 다음 주에 이사하려고 합니다.

661 羡慕 xiànmù
동 부러워하다

大家都羡慕他的成功。
Dàjiā dōu xiànmù tā de chénggōng.
모두들 그의 성공을 부러워합니다.

662 坚持 jiānchí
동 견지하다

应该坚持原则。
Yīnggāi jiānchí yuánzé.
원칙을 견지해야 합니다.

663

考上 kǎoshàng
동 합격하다

我的儿子考上名牌大学。
Wǒ de érzi kǎoshàng míngpái dàxué.
제 아들이 명문대학에 합격했습니다.

664

及格 jígé
동 합격하다

我差点儿就及格了。
Wǒ chàdiǎnr jiù jígé le.
저는 하마터면 합격하지 못할 뻔 했어요.

665

成功 chénggōng
명 성공

我相信你一定会成功的。
Wǒ xiāngxìn nǐ yídìng huì chénggōng de.
저는 당신이 반드시 성공할 것이라고 믿습니다.

666

表扬 biǎoyáng
동 칭찬하다

他的成绩值得表扬。
Tā de chéngjì zhíde biǎoyáng.
그의 성적은 칭찬받을 만합니다.

667 称赞 chēngzàn
동 칭찬하다

人人都称赞小明是个好孩子。
Rénrén dōu chēngzàn Xiǎomíng shì ge hǎo háizi.
사람들은 모두 시아오밍은 좋은 아이라고 칭찬합니다.

668 休息 xiūxi
동 휴식하다

你在家好好儿休息。
Nǐ zài jiā hǎohāor xiūxi.
당신 집에서 잘 쉬세요.

669 能干 nénggàn
형 유능하다

他在公司内是最能干的人。
Tā zài gōngsī nèi shì zuì nénggàn de rén.
그는 회사 내에서 가장 유능한 사람입니다.

670 厉害 lìhai
형 대단하다

这个人挺厉害。
Zhège rén tǐng lìhai.
이 사람은 매우 대단합니다.

671 了不起 liǎobuqǐ
형 대단하다

没有什么了不起。
Méiyǒu shénme liǎobuqǐ.
뭐 별 대단할 것이 없습니다.

이것만은 헷갈리지 말자

📝 중국어로 老婆는 '아내'라는 의미를 가진다.

노파(老婆)가 와이프다? 약간은 뜬금없는 이야기일 수도 있겠다.
한국에서의 노파의 의미는 늙은 여자를 의미한다.
그러나 중국에서는 노파(老婆)는 부인, 아내, 와이프를 의미한다.
우리 나라에서 자기 아내를 남에게 말할 때는 안 사람, 안식구, 아내, 집 사람, 그리고 처(妻)라고 한다. 약간 비하하는 표현으로는 마누라, 여편네 등이 있다.
중국에서 남의 아내를 부를 때는 존칭의 의미로 '부인(夫人)'이라는 표현을 사용한다. 자기 아내를 지칭하는 용어는 다양하다. 妻子(치즈), 太太(타이타이), 老婆(라오포) 등이다. 이 중에서 중국인들이 즐겨 사용하는 老婆(라오포), 즉 노파라는 단어이다. 국어사전에는 '늙은 여자'로 표기되어 있다.

원래 노파는 나이 든 여자를 가리키는 표현이었으며, 아내란 의미는 전혀 담겨 있지 않았다. 그러면 언제부터였을까?
정확한 출처는 없다. 당나라 때 과거 공부를 하던 서생 맥애신(麥愛新)은 과거에 합격하고 나서 그 아내를 보니 늙고 몰골이 초라하였다. 그래서 아내를 버리고 젊은 여자를 구하려는 욕심이 생겼다. 이리하여 침대 머리맡에 아내에게 보이고자 몰래 글귀를 적어 놓았다. "꽃이 시들고 잎은 떨어져 늙은 연 뿌리(藕根)만 남았네." 그 처 역시 문자를 아는지라 남편의 '불편한 진실'을 알게 되었다. 그녀도 침대 곁에 슬쩍 한 구절을 적어 놓았다. "벼가 누렇게 익어 비벼서 불어 보니 그 속에서 새 알갱이가 나왔네."
이 글을 보고 아내의 재기에 감탄하였으며, 그는 크게 뉘우치고 처음 적은 글귀에 이어서 몇 글자를 다시 써 놓았다. '일편단심! 할매, 사랑해요(老婆一片婆心).' 이 고사에서 유래하여 자신의 아내를 노파로 지칭하게 되었고, 지금까지 이 호칭이 이어져 내려오고 있다. 노파라는 단어에는 '백년해로'라는 말이 내포되어 있다.
중국에서는 부인, 아내, 와이프를 의미하는 것으로 老婆[lǎopo]라고 했다. 그러면 부인이 남편을 부를 때는 老公[lǎogōng]으로 부른다.

21 위로

위로를 받거나 위로를 할 경우의 표현법을 알아본다

'힘든 일이 있을 때 백 마디 말보다 손수건을 주는 것이 더 낫다'라는 말을 한다. 그러나 위로할 때도 적절한 위로와 격려로 상대 기분을 북돋워 주는 표현을 익혀 보자.

Key Point

위로를 하거나 위로를 할 경우의 표현법

我最近心情不好。
Wǒ zuìjìn xīnqíng bù hǎo.
내가 요즘 기분이 안 좋아요.

我昨天跟女朋友分手了。
Wǒ zuótiān gēn nǚ péngyou fēnshǒu le.
저는 어제 여자 친구와 헤어졌습니다.

我做什么事都很糟糕。
Wǒ zuò shénme shì dōu hěn zāogāo.
제가 무슨 일을 하든 다 엉망입니다.

我理解你，你别太难过了。
Wǒ lǐjiě nǐ, nǐ bié tài nánguò le.
저는 당신을 이해해요, 너무 힘들어 하지 마세요.

有什么事，跟我说吧。
Yǒu shénme shì, gēn wǒ shuō ba.
무슨 일이 있으면, 저와 이야기해요.

핵심 표현

① 你不要伤心吧，开心点好吗?
Nǐ búyào shāngxīn ba, kāixīn diǎn hǎo ma?
상심하지 마세요, 기분 좀 풀고요, 네?

② 以后一定会有好机会，我给你加油。
Yǐhòu yídìng huì yǒu hǎo jīhuì, wǒ gěi nǐ jiāyóu.
이후에 분명히 좋은 기회가 있을 겁니다. 파이팅입니다.

③ 你别着急，我相信你会成功的。
Nǐ bié zháojí, wǒ xiàngxìn nǐ huì chénggōng de.
조급해 하지 마세요, 저는 당신이 성공할 것이라고 믿습니다.

④ 谢谢你的鼓励，我绝对不会放弃的。
Xièxie nǐ de gǔlì, wǒ juéduì búhuì fàngqì de.
당신의 격려에 감사드립니다. 저는 절대로 포기하지 않을 겁니다.

672 放弃 fàngqì
동 버리다, 포기하다

这件事你不要放弃。
Zhè jiàn shì nǐ búyào fàngqì.
이 일을 포기하지 마세요.

673 分手 fēnshǒu
동 헤어지다

我上个星期跟女朋友分手了。
Wǒ shàngge xīngqī gēn nǚ péngyou fēnshǒu le.
저는 지난주에 여자 친구와 헤어졌습니다.

674 安慰 ānwèi
동 위로하다

你见到她就好好儿安慰她一下。
Nǐ jiàndào tā jiù hǎohāor ānwèi tā yíxià.
그녀를 만나면 잘 위로해줘요.

675 加油 jiāyóu
동 격려하다, 파이팅하다

我给你加油。
Wǒ gěi nǐ jiāyóu.
제가 파이팅 해줄게요.

676 鼓励 gǔlì
동 격려하다

他鼓励自己一定要坚持原则。
Tā gǔlì zìjǐ yídìng yào jiānchí yuánzé.
그는 스스로 반드시 원칙을 견지해야 한다고 격려했다.

677 克服 kèfú
동 극복하다

我们克服了很多的困难。
Wǒmen kèfúle hěn duō de kùnnan.
우리들은 많은 곤란을 극복했습니다.

678 丢 diū
동 잃어버리다

我的钱包丢了。
Wǒ de qiánbāo diū le.
저는 지갑을 잃어버렸습니다.

679 去世 qùshì
동 세상을 뜨다, 죽다

他昨天晚上去世了。
Tā zuótiān wǎnshang qùshì le.
그는 어제 저녁에 죽었습니다.

680 困难 kùnnan
형 곤란하다, 어려움이 있다

你有什么困难吗?
Nǐ yǒu shénme kùnnan ma?
당신은 무슨 어려움이 있나요?

681 着急 zháojí
동 조급해 하다, 서두르다

别着急，这个问题会解决。
Bié zháojí, zhège wèntí huì jiějué.
서두르지 마세요, 이 문제는 해결될 것입니다.

682 相信 xiāngxìn
동 믿다

我相信你会成功。
Wǒ xiāngxìn nǐ huì chénggōng.
저는 당신이 성공할 것이라고 믿습니다.

이것만은 헷갈리지 말자

但是 / 只是 / 不过

① 但是[dànshì]

전환을 나타내며, 주로 어떤 일이나 상황이 예측이나 상식과 상반됨을 강조, 但是가 강조하는 것은 뒷부분이다.

- 他虽然个子小，但是力气却很大。 그는 비록 키는 작지만, 힘이 세다.
  Tā suīrán gèzi xiǎo, dànshì lìqì què hěn dà.

- 虽然她跟小王结婚了，但是她并不爱他。
  그녀는 샤오왕과 결혼했지만, 그녀는 결코 그를 사랑하지 않는다.
  Suīrán tā gēn xiǎowáng jiéhūn le, dànshì tā bìng búài tā.

② 只是[zhǐshì]

경미한 전환, 부차적인 상황을 이용해 약간의 보충 설명 只是가 강조하는 것은 앞부분이다.

- 这件衣服大小，样式都合适，只是贵了一点。
  이 옷의 사이즈, 디자인 모두 맘에 들지만, 좀 비싸다.
  Zhè jiàn yīfu dàxiǎo, yàngshì dōu héshì, zhǐshì guì le yìdiǎn.

③ 不过[búguò]

또 다른 상황을 이용해서 앞에서 설명한 상황에 대해 보충 설명 不过가 강조하는 것은 앞뒤의 두 가지 상황이다.

- 他身体一直不太好，不过现在好多了。
  그는 건강이 줄곧 그다지 좋지 않았지만, 지금은 많이 좋아졌다.
  Tā shēntǐ yìzhí bútài hǎo, búguò xiànzài hǎo duō le.

22 도움/감사

도움과
요청이
필요할 때의
표현법을
알아본다

우리들은 살면서 많은 사람들의 도움을 받으면서 살고, 그 도움에 감사를 표시한다. 특히 감사에 대한 표현은 다양하기 때문에 적절한 상황에 쓸 수 있도록 익혀 보자.

Key Point

도움과 요청이 필요할 때의 표현법

需要我帮你买点什么吗?
Xūyào wǒ bāng nǐ mǎi diǎn shénme ma?
제가 당신을 도와서 뭐 좀 사다 줄까요?

我没什么要买的。
Wǒ méi shénme yào mǎi de.
저는 뭐 별로 살 것이 없습니다.

麻烦你帮我买一下。
Máfan nǐ bāng wǒ mǎi yíxià.
번거롭겠지만 저를 도와서 사다 주세요.

当然可以，我就听你的。
Dāngrán kěyǐ, wǒ jiù tīng nǐ de.
당연히 가능하죠, 당신이 시키는 대로 할게요.

핵심 표현

① 我自己来吧，你去忙你的吧。
Wǒ zìjǐ lái ba, nǐ qù máng nǐ de ba.
제가 할게요, 당신 일 보세요.

② 你需要我的帮忙吗?
Nǐ xūyào wǒ de bāngmáng ma?
당신은 저의 도움이 필요하시나요?

③ 谁跟谁啊，我们是好朋友，这是应该的。
Sheí gēn sheí a, wǒmen shì hǎo péngyou, zhè shì yīnggāi de.
우리 사이에, 우리는 좋은 친구이니까 이것은 당연한 거죠.

④ 我不知道怎么感谢你才好。
Wǒ bù zhīdao zěnme gǎnxiè nǐ cái hǎo.
저는 당신에게 어떻게 감사해야 좋을지 모르겠습니다.

683 需要 xūyào
동 필요하다

我需要你的帮忙。
Wǒ xūyào nǐ de bāngmáng.
저는 당신의 도움이 필요합니다.

684 请 qǐng
동 청하다

今天我请你吃饭。
Jīntiān wǒ qǐng nǐ chīfàn.
오늘 제가 밥 살게요.

685 帮 bāng
동 돕다

你能帮我吗?
Nǐ néng bāng wǒ ma?
당신은 저를 도와줄 수 있나요?

686 帮助 bāngzhù
동 돕다

谢谢你的帮助。
Xièxie nǐ de bāngzhù.
당신의 도움에 감사드립니다.

687 帮忙 bāngmáng
동 돕다

我帮你的忙吧。
Wǒ bāng nǐ de máng ba.
제가 당신을 도와드릴게요.

688 拜托 bàituō
동 부탁드리다

这事就拜托您了。
Zhè shì jiù bàituō nín le.
이 일 잘 부탁드립니다.

689 借 jiè
동 빌리다

你把你的本子借给我吧。
Nǐ bǎ nǐ de běnzi jiè gěi wǒ ba.
당신 노트를 저에게 빌려주세요.

690 感谢 gǎnxiè
동 감사하다

我不知道怎么感谢你才好。
Wǒ bù zhīdao zěnme gǎnxiè nǐ cái hǎo.
저는 당신에게 어떻게 감사해야 할지 모르겠습니다.

이것만은 헷갈리지 말자

帮助[bāngzhù]과 帮忙[bāngmáng]

帮忙의 경우는 이합동사이다.
이합동사는 동사+목적어(명사)구조의 2음절 동사로 결합되기도 하고 분리되기도 한다. 이합동사는 자체에 목적어가 있으므로 이합동사 뒤에는 다른 목적어가 올 수 없다. 예를 들어서 你帮忙我으로 할 수 없다. 즉, 목적어를 취할 수 없기 때문에 你帮我的忙와 같이 문장을 만들어야 맞는 문장이 된다.
帮이라는 동사와 忙이라는 명사의 구조로 이루어지는 것이다.
뒤에 목적어를 취할 수 있는 동사를 쓰려면 帮助[bāngzhù]를 써야 한다.

이합동사의 몇 가지 예를 알아보자.
- 帮忙 예) 我要帮你的忙。 나는 너의 일을 도와주려 한다.
 wǒ yào bāng nǐ de máng.
- 结婚 예) 我结过婚。 나는 결혼한 적이 있다.
 wǒ jié guo hūn.
- 见面 예) 我跟他见过面。 나는 그와 만난 적이 있다.
 wǒ gēn tā jiàn guo miàn.
- 睡觉 예) 我想睡懒觉。 나는 늦잠 자고 싶다.
 wǒ xiǎng shuì lǎn jiào.
- 请客 예) 明天我请你的客。 내일은 내가 한 턱 쏠게.
 míngtiān wǒ qǐng nǐ de kè.

이합사는 이음절 동사 사이에 조사, 보어, 수량사 등이 올 수 있다.
이합사는 단어 자체가 목적어 성분을 가지고 있어서, 따로 목적어를 취할 수 없다.
이 외에도 生气, 聊天, 抽烟, 吃惊, 毕业 등등의 이합사가 있다.

忙을 이용한 표현을 알아보자.
- 你忙吧。 nǐ máng ba. 당신 일 보세요.
- 你去你的忙吧。 nǐ qù nǐ de máng ba. 당신 일이나 보세요.
- 你忙你的吧。 nǐ máng nǐ de ba. 당신 일이나 하세요.

23 감정

감정 관련
단어와
표현을
익힌다

우리는 살면서 자신의 감정을 표현하고, 생각을 전달하고, 많은 사람들과 교류를 한다.
다양한 감정 및 표현을 익혀 보자.

Key Point

감정 관련 단어와 표현을 익혀야 한다.

你好点儿了吗? 什么时候能出院?
Nǐ hǎo diǎnr le ma? shénme shíhou néng chūyuàn?
좀 좋아졌어요? 언제 퇴원할 수 있어요?

我好多了。医生说明天能出院。你放心吧。
Wǒ hǎo duō le. yīshēng shuō míngtiān néng chūyuàn. nǐ fàngxīn ba.
많이 좋아졌어요. 의사선생님은 내일 퇴원할 수 있다고 해요. 걱정하지 마세요.

你今天看上去有点儿累。
Nǐ jīntiān kànshàngqù yǒudiǎnr lèi.
당신 오늘 보니 피곤해 보여요.

我今天有点儿累, 因为今天有期中考试, 所以昨天开夜车了。
Wǒ jīntiān yǒudiǎnr lèi, yīnwèi jīntiān yǒu qīzhōng kǎoshì, suǒyǐ zuótiān kāiyèchē le.
저는 오늘 좀 피곤해요. 오늘 기말고사가 있어서 어제 밤샜어요.

핵심 표현

① 你今天看起来很高兴。
Nǐ jīntiān kàn qǐlái hěn gāoxìng.
당신은 오늘 즐거운 것 같네요.

② 他看起来很紧张。
Tā kàn qǐlái hěn jǐnzhāng.
그는 긴장한 것 같네요.

③ 她看起来很伤心。
Tā kàn qǐlái hěn shāngxīn.
그녀는 상심한 것 같습니다.

④ 他常常有点儿着急。
Tā chángcháng yǒudiǎnr zháojí.
그는 자주 좀 조급해 합니다.

691 心情 xīnqíng
명 심정, 기분

我最近心情不太好。
Wǒ zuìjìn xīnqíng bútài hǎo.
저는 최근에 기분이 그다지 좋지 않습니다.

692 开心 kāixīn
형 기쁘다, 즐겁다

你开心点儿好吗?
Nǐ kāixīn diǎnr hǎo ma?
당신 기분 좀 푸세요, 네?

693 幸福 xìngfú
명 행복

我希望你过得幸福。
Wǒ xīwàng nǐ guò de xìngfú.
저는 당신이 행복하게 지내기를 희망합니다.

694 快乐 kuàilè
형 즐겁다

周末快乐!
Zhōumò kuàilè!
주말 잘 보내세요!

695 激动 jīdòng
동 감동하다

这比赛真是激动人心。
Zhè bǐsài zhēn shì jīdòng rénxīn.
이 경기는 정말 사람을 감동시켰습니다.

696 担心 dānxīn
동 걱정하다, 염려하다

别担心, 她会准时的。
Bié dānxīn, tā huì zhǔnshí de.
걱정하지 마세요, 그는 시간을 준수할 겁니다.

697 放心 fàngxīn
동 마음을 놓다, 안심하다

我好多了, 你放心吧。
Wǒ hǎo duō le, nǐ fàngxīn ba.
저는 좋아졌어요, 걱정하지 마세요.

698 紧张 jǐnzhāng
형 긴장하다

我在女孩子面前有点儿紧张。
Wǒ zài nǚ háizi miànqián yǒudiǎnr jǐnzhāng.
저는 여자 앞에서는 좀 긴장이 됩니다.

699 难过 nánguò
형 괴롭다, 견디기 어렵다

我最近过得很难过。
Wǒ zuìjìn guò de hěn nánguò.
저는 최근에 잘 못 지냈어요.

700 伤心 shāngxīn
동 상심하다

你不要伤心，有我嘛!
Nǐ búyào shāngxīn, yǒu wǒ ma!
상심하지 마세요, 제가 있잖아요!

701 生气 shēngqì
동 화내다

他这个人很容易生气。
Tā zhège rén hěn róngyì shēngqì.
그 사람은 쉽게 화를 냅니다.

702 轻松 qīngsōng
동·형 편하게 하다, 수월하다

今天是星期天，我们轻松一下。
Jīntiān shì xīngqītiān, wǒmen qīngsōng yíxià.
오늘은 일요일이니, 우리 릴렉스해요.

703 郁闷 yùmèn
명 답답하다, 우울하다

下雨的时候，我总是心情郁闷。
Xiàyǔ de shíhou, wǒ zǒngshì xīnqíng yùmèn.
비가 내리면, 저는 늘 기분이 우울해요.

704 感动 gǎndòng
동 감동하다

这件事让我感动了。
Zhè jiàn shì ràng wǒ gǎndòng le.
이 일은 감동하게 했습니다.

705 感觉 gǎnjué
명 동 감각, 느낌, 느끼다, 생각하다

跟着感觉走吧。
Gēnzhe gǎnjué zǒu ba.
느낌대로 가요.

706 感情 gǎnqíng
명 감정

这样的感情我也不知道。
Zhèyàng de gǎnqíng wǒ yě bù zhīdao.
이러한 감정은 저도 잘 모르겠습니다.

707 腼腆
miǎntiǎn
형 어색해하다, 수줍어하다

我见了生人就有点儿腼腆。
Wǒ jiànle shēngrén jiù yǒudiǎnr miǎntiǎn.
저는 낯선 사람을 만나면 좀 수줍어합니다.

708 觉得
juéde
동 ~라고 여기다, ~라고 생각하다

我觉得还是我们两个人一起去好。
Wǒ juéde háishi wǒmen liǎng ge rén yìqǐ qù hǎo.
제 생각에는 우리 둘이 함께 가는 것이 좋다고 생각합니다.

709 过分
guòfèn
동 지나치다, 과분하다

他的态度过分。
Tā de tàidù guòfèn.
당신의 태도는 도가 지나쳐요.

710 害怕
hàipà
동 겁내다, 두려워하다

我做什么事都不害怕了。
Wǒ zuò shénme shì dōu bú hàipà le.
저는 무슨 일이든지 두려움이 없어요.

711 后悔 hòuhuǐ
동 후회하다

你一定去，你不会后悔的。
Nǐ yídìng qù, nǐ búhuì hòuhuǐ de.
반드시 가세요, 당신은 후회하지 않을 거예요.

712 寂寞 jìmò
형 외롭다, 쓸쓸하다

我昨天晚上很寂寞。
Wǒ zuótiān wǎnshang hěn jìmò.
저는 어제 저녁에 외로웠습니다.

713 可怕 kěpà
형 두렵다, 무섭다

可怕的事情到底还是发生了。
Kěpà de shìqíng dàodǐ háishi fāshēng le.
가장 두려운 일이 결국 발생했습니다.

714 可惜 kěxī
형 섭섭하다, 아쉽다

你今天不来，我感到很可惜。
Nǐ jīntiān bù lái, wǒ gǎndào hěn kěxī.
당신이 오늘 오지 않아서, 저는 정말 섭섭했습니다.

715 麻烦 máfan
동 귀찮게 하다, 번거롭게 하다

麻烦你帮我拿这个东西好吗?
Máfan nǐ bāng wǒ ná zhège dōngxi hǎo ma?
번거롭겠지만 저를 도와서 이 물건을 꺼내주시겠어요?

716 满意 mǎnyì
형 만족하다

这次考试我很满意。
Zhècì kǎoshì wǒ hěn mǎnyì.
이번 시험 저는 만족합니다.

717 满足 mǎnzú
동 만족하다

我们不能满足于现在的成绩。
Wǒmen bùnéng mǎnzú yú xiànzài de chéngjì.
현재의 성적에 우리들은 만족할 수 없습니다.

718 陌生 mòshēng
형 낯설다

明明是第一次看到, 却并不感到陌生。
Míngmíng shì dì-yīcì kàndào, què bìng bù gǎndào mòshēng.
분명히 처음 만났는데, 오히려 낯선 느낌을 느끼지 못했다.

719 难受
nánshòu
형 (마음이) 아프다, 견딜 수 없다

别再提了，提起来让人心理难受。
Bié zài tí ba le, tí qǐlai ràng rén xīnli nánshòu.
다시 말하지만, 말하자면 마음이 아파요.

720 奇怪
qíguài
형 이상하다, 기이하다

真奇怪，我的手机不见了。
Zhēn qíguài, wǒ de shǒujī bújiàn le.
정말 이상해요, 제 핸드폰이 안 보여요.

721 讲究
jiǎngjiu
동 중요시하다

韩国人讲究礼貌。
Hánguórén jiǎngjiu lǐmào.
한국인은 예의를 중시해요.

722 深刻
shēnkè
형 (인상이) 깊다, 매우 강렬하다

他留下了深刻的印象。
Tā liúxiàle shēnkè de yìnxiàng.
그는 매우 강렬한 인상을 남겼습니다.

723 舒服 shūfu
형 편안하다

周末在家里休息，实在太舒服了。
Zhōumò zài jiā li xiūxi, shízài tài shūfu le.
주말에 집에서 쉬니, 정말로 편안합니다.

724 讨厌 tǎoyàn
동 싫어하다, 혐오하다

我最讨厌星期天加班。
Wǒ zuì tǎoyàn xīngqītiān jiābān.
제가 가장 싫어하는 일은 일요일에 특근하는 겁니다.

725 突然 tūrán
부 갑자기

我明天不能跟你见面，突然有事。
Wǒ míngtiān bùnéng gēn nǐ jiànmiàn, tūrán yǒu shì.
내일 당신을 만날 수 없어요, 갑자기 일이 생겼어요.

726 委屈 wěiqu
동 억울해 하다

让你做这样的工作，实在委屈你了。
Ràng nǐ zuò zhèyàng de gōngzuò, shízài wěiqu nǐ le.
이러한 일을 해서, 정말로 억울했겠구나.

727 无聊 wúliáo
형 무료하다, 심심하다

一个人在家太无聊了。
Yí ge rén zài jiā tài wúliáo le.
혼자서 집에 있으면 매우 심심합니다.

728 犹豫 yóuyù
형 머뭇거리다, 망설이다

你总是这么犹豫不决。
Nǐ zǒngshì zhème yóuyù wúliáo bùjué.
당신은 늘 이렇게 결단을 내리지 못하고 망설입니다.

729 晕 yùn
형 어지럽다

他坐车经常晕车。
Tā zuò chē jīngcháng yùnchē.
그는 차를 타면 자주 멀미를 합니다.

730 想得开 xiǎngdekāi
동 긍정적이다, 마음에 두지 않다

我什么事都想得开。
Wǒ shénme shì dōu xiǎngdekāi.
저는 무슨 일이든 긍정적입니다.

731 想不开 xiǎngbukāi
동 부정적이다, 생각을 떨쳐 버리지 못하다

你有什么想不开的事就跟我说。
Nǐ yǒu shénme xiǎngbukāi de shì jiù gēn wǒ shuō.
당신 무슨 풀리지 않는 일이 있으면 저에게 말하세요.

이것만은 헷갈리지 말자

📝 **동사에 대해서 알아보고 차이점에 대해 구분을 하도록 하자.**

想[xiǎng] ~하고 싶다 (계획이나 희망을 나타냄)

- 我想去中国。 저는 중국에 가고 싶어요.
  Wǒ xiǎng qù Zhōngguó.
- 他想吃水果。 그는 과일을 먹고 싶어요.
  Tā xiǎng chī shuǐguǒ.

要[yào] ~하려고 하다, ~해야만 한다
(주관적 의지나 바람, 당위성을 강조하여 나타냄)

- 我要回家。 나는 집에 가려고 해.
  Wǒ yào huíjiā.
- 我要吃药。 나는 약을 먹으려고 한다.
  Wǒ yào chī yào.

会[huì] ~할 수 있다
(선천적 능력이 아닌 학습을 통해 습득한 것을 나타냄)

- 我会说汉语。 저는 중국어를 할 줄 압니다.
  Wǒ huì shuō hànyǔ.
- 他会游泳。 그는 수영을 할 줄 압니다.
  Tā huì yóuyǒng.

可以 ~할 수 있다
(주변 환경이나 조건이 허락되거나 허용된 것을 나타냄)

- 我可以买房子。 나는 집을 살 수 있다.
  Wǒ kěyǐ mǎi fángzi.
- 工作做完了才可以下班。 일을 다 한 후에야 비로소 퇴근을 할 수 있다.
  Gōngzuò zuò wán le cái kěyǐ xiàbān.

24 환경

제5부분에서는 환경과 관련된 여러 어휘를 익혀 본다

사회가 발달함에 따라 우리의 삶도 자연스럽게 향상이 되었다.
그러나 그런 긍정적인 이유도 있지만 그에 반하여 부작용도 함께 발생이 된다.
특히 환경 오염이라는 문제도 대두되기 때문에 환경 관련 문제에 대해서는 제5부분에서 많이 출제되기 때문에 관련된 어휘를 익혀 보자.

Key Point

제5부분에서 아래 내용을 참고하여 답변을 해야 한다.

제5부분은 준비시간 30초이기 때문에 질문을 듣고 30초 안에 자신의 생각을 정리하는 것이 필요하다.
답변시간은 50초이기 때문에 서론, 본론, 결론을 정리하여 답변해야 한다.

이 부분은 찬반이나 자신의 입장을 주장을 하는 것이 중요하다.
서론, 본론, 결론으로 내용을 만들어야 합니다.
서론 : 자신의 생각을 주장
본론 : 자신의 생각에 대한 논거와 예
결론 : 논지 강조와 자신의 입장을 정리

핵심 표현

① 我对这种方法同意。
Wǒ duì zhè zhǒng fāngfǎ tóngyì.
저는 이러한 방법에 동의합니다.

② 环境保护，人人有责。
Huánjìng bǎohù, rénrén yǒu zé.
환경 보호는 모든 사람에게 책임이 있다.

③ 我觉得垃圾分类制度是一种有效处理垃圾的方法。
Wǒ juéde lājī fēnlèi zhìdù shì yì zhǒng yǒuxiào chùlǐ lājī de fāng fǎ.
저는 쓰레기 분리 수거 제도는 효과적인 쓰레기 처리 방법의 하나라고 생각합니다.

④ 总之，我不赞成这种方法。
Zǒng zhī, wǒ bù zànchéng zhè zhǒng fāngfǎ.
결론적으로, 저는 이러한 방법에 찬성하지 않습니다.

732 环境
huánjìng
명 환경

那里的自然环境保持很好。
Nàli de zìrán huánjìng bǎochí hěn hǎo.
그곳의 자연 환경 유지가 잘 되어 있다.

733 空气
kōngqì
명 공기

我们散散步吧，呼吸呼吸新鲜空气吧。
Wǒmen sànsànbù ba, hūxī hūxī xīnxiān kōngqì ba.
우리 산책해요, 신선한 공기를 호흡해요.

734 全球
quánqiú
명 전세계

全球变暖是个确实存在的问题。
Quánqiú biànnuǎn shì ge quèshí cúnzài de wèntí.
전세계의 온난화는 확실히 존재하는 문제입니다.

735 森林
sēnlín
명 산림

保护森林，人人有责。
Bǎohù sēnlín, rénrén yǒu zé.
산림을 보호하는 것은 모두에게 책임이 있습니다.

736 资源 zīyuán
명 자원

水是关系到人民生活的重要资源。
Shuǐ shì guānxi dào rénmín shēnghuó de zhòngyào zīyuán.
물은 국민 생계에 관련되는 중요한 자원이다.

737 能源 néngyuán
명 에너지

目前世界各国都关注能源问题。
Mùqián shìjiè gèguó dōu guānzhù néngyuán wèntí.
현재 세계 각국은 에너지 문제에 관심을 가지고 있다.

738 土地 tǔdì
명 토지

有些地方土地的所有权属于国家。
Yǒuxiē dìfang tǔdì de suǒyǒuquán shǔyú guójiā.
어떤 곳의 토지는 국가가 소유권을 가지고 있다.

739 生物 shēngwù
명 생물

一切生物都不能离开环境。
Yíqiè shēngwù dōu bùnéng líkāi huánjìng.
모든 생물은 환경을 벗어날 수 없다.

740 动物 dòngwù
명 동물

你最喜欢的动物是什么?
Nǐ zuì xǐhuan de dòngwù shì shénme?
당신이 가장 좋아하는 동물은 무엇인가요?

741 社会 shèhuì
명 사회

追求财富是资本主义社会的必然目标。
Zhuīqiú cáifù shì zīběn zhǔyì shèhuì de bìrán mùbiāo.
부를 추구하는 것은 자본주의 사회의 당연한 목표이다.

742 人口 rénkǒu
명 인구

为了控制人口，中国实行了计划生育政策。
Wèile kòngzhì rénkǒu, Zhōngguó shíxíngle jìhuá shēngyù zhèngcè.
인구 억제를 위해서, 중국은 출산 정책 계획을 실행했다.

743 生态系统 shēngtài xìtǒng
명 생태 시스템

生态系统越来越会出现问题。
Shēngtài xìtǒng yuèláiyuè huì chūxiàn wèntí.
생태 시스템은 더욱더 문제를 야기시킬 것이다.

744 经济 jīngjì
명 경제

最近世界经济不稳定。
Zuìjìn shìjiè jīngjì bù wěndìng.
최근 세계 경제는 안정적이지 않다.

745 洗涤剂 xǐdíjì
명 합성 세제

这个洗涤剂没什么效力。
Zhège xǐdíjì méi shénme xiàolì.
이 합성 세제는 어떤 효과도 없다.

746 污染 wūrǎn
동 오염시키다

工厂排出的废水把整条河污染了。
Gōngchǎng páichū de fèishuǐ bǎ zhěng tiáo hé wūrǎn le.
공장에서 배출한 폐수는 강을 오염시켰다.

747 破坏 pòhuài
동 파괴하다

公害是破坏环境的自然结果。
Gōnghài shì pòhuài huánjìng de zìrán jiéguǒ.
공해는 환경 파괴의 자연적인 결과이다.

748 塑料袋 sùliàodài
명 비닐봉지

人们会自觉地减少塑料袋的使用。
Rénmen huì zìjué de jiǎnshǎo sùliàodài de shǐyòng.
사람들은 자각적으로 비닐봉지의 사용을 감소시킬 것이다.

749 排放 páifàng
동 배출하다

汽车的尾气排放污染了空气。
Qìchē de wěiqì páifàng wūrǎnle kōngqì.
자동차의 배기가스는 공기 오염을 배출하였다.

750 开发 kāifā
동 개발하다

我们公司开发了很多产品。
Wǒmen gōngsī kāifāle hěn duō chǎnpǐn.
우리 회사는 많은 제품을 개발했다.

751 节约 jiéyuē
동 절약하다

他在生活上很节约。
Tā zài shēnghuó shang hěn jiéyuē.
그는 생활에서 절약을 하고 있다.

752 保护
bǎohù
동 보호하다

我们都要自然保护。
Wǒmen dōu yào zìrán bǎohù.
우리들은 자연 보호를 해야 한다.

753 处理
chǔlǐ
동 처리하다

你得处理好跟同事的关系。
Nǐ chǔlǐ hǎo gēn tóngshì de guānxì.
당신은 동료와의 관계를 잘 해야 할 필요가 있다.

754 重视
zhòngshì
동 중시하다

我们公司经理非常重视员工的发展。
Wǒmen gōngsī jīnglǐ fēicháng zhòngshì yuángōng de fāzhǎn.
우리 회사 사장님은 직원의 발전을 매우 중시하신다.

755 制定
zhìdìng
동 제정하다

中国政府重新制定了一个新的政策。
Zhōngguó zhèngfǔ chóngxīn zhìdìngle yí ge xīn de zhèngcè.
중국 정부는 새로운 정책을 새롭게 제정했다.

756 完善 wánshàn
형 동 완전하다, 완전하게 하다

公司的历史不久，规章制度不完善。
Gōngsī de lìshǐ bù jiǔ, guīzhāng zhìdù bù wánshàn.
회사의 역사가 길지 않아서, 규정이 완전하지 않다.

757 配合 pèihé
동 협력하다, 서로 잘 맞다

谢谢您的配合与关照。
Xièxie nín de pèihé yǔ guānzhào.
당신의 협력과 보살핌에 대해 감사합니다.

758 遵守 zūnshǒu
동 준수하다

我们必须要遵守规定。
Wǒmen bìxū yào zūnshǒu guīdìng.
우리는 반드시 규정을 준수해야 합니다.

759 采取 cǎiqǔ
동 채택하다

现在采取的这种方式很好。
Xiànzài cǎiqǔ de zhè zhǒng fāngshì hěn hǎo.
현재 채택한 이런 방식은 좋습니다.

760 规定 guīdìng
명 동 규정, 규정하다

大家都得遵守规定,谁也不能例外。
Dàjiā dōu děi zūnshǒu guīdìng, sheí yě bùnéng lìwài.
모두 규정을 준수해야 한다, 누구도 예외가 없습니다.

761 威胁 wēixié
동 위협하다, 협박하다

他用威胁的态度说话。
Tā yòng wēixié de tàidù shuōhuà.
그는 위협적인 태도로 말을 했다.

762 扔掉 rēngdiào
동 버리다

你不要随便扔掉垃圾。
Nǐ búyào suíbiàn rēngdiào lājī.
당신은 마음대로 쓰레기를 버리지 마세요.

763 避免 bìmiǎn
동 피하다, 모면하다

怎么想避免也没用。
Zěnme xiǎng bìmiǎn yě méiyòng.
아무리 모면하려고 애써도 소용없다.

764 恶化 èhuà
동 악화되다

他们俩的关系越来越恶化了。
Tāmen liǎ de guānxì yuèláiyuè èhuà le.
그들 둘의 관계는 더욱더 악화되었다.

765 实行 shíxíng
동 실행하다

人们盼着实行双休日。
Rénmen pànzhe shíxíng shuāngxiūrì.
사람들은 연휴가 시작되기를 눈 빠지게 기다리고 있다.

766 控制 kòngzhì
동 제어하다, 통제하다

我觉得最难控制的就是自己。
Wǒ juéde zuì nán kòngzhì de jiùshì zìjǐ.
제 생각에는 가장 제어하기 어려운 것은 바로 자신입니다.

이것만은 헷갈리지 말자

중국어 숫자 1을 읽을 때는 상황에 따라서 다르게 읽기 때문에 주의를 해야 한다. 전화번호를 읽을 때 1은 幺[yāo]라고 반드시 읽어야 한다.
버스 노선을 읽을 때는 두 자리의 경우 일반적인 숫자를 읽을 때와 같이 읽어야 한다. 그러나 세 자리의 경우는 일반적인 숫자로 읽는 경우도 있으며, 각 숫자를 따로 읽어야 하고, 1은 幺[yāo]라고 읽어야 한다.
예를 들어서 19의 경우는 十九[shíjiǔ]라고 읽어야 하고, 108의 경우는 108[yāo líng bā]라고 읽어야 한다.
아파트의 동, 호수를 말할 때도 1은 幺[yāo]라고 읽어야 한다.
그러나 연도를 말할 때는 1은 원래의 발음 [yāo]라고 읽어야 한다.

'二', '两'은 모두 숫자 2를 표시하지만 용법은 서로 다르다. 일반적으로 양사 앞에는 '两'을 쓴다. 또한 숫자를 표시할 경우 '二十'라고 하며, '两十'라고 할 수 없다. 서수, 소수, 분수 등에는 '二'만 사용할 수 있다.

1. 양사 앞에 쓰일 때
   양사가 도량형(길이, 부피, 무게 등)일 때 "二"과 "两" 둘 다 써도 됩니다.
   그러나 중국 전통 단위의 도량형 단위(分, 亩, 顷, 合, 升, 斗, 石, 钱, 两, 斤 등등)는 대부분 "二"을 쓰고, 새로 출현한 도량형 단위(米, 公里, 公顷, 平方米, 立方米 등등)는 대부분 "两"을 쓴다.
   예를 들면 :
   二亩, 二斗, 二两, 二斤, 二尺
   两米, 两公里, 两公顷, 两平方米, 两立方米
   일반 양사 앞에 쓰일 때는 "两"을 쓴다.
   예를 들면 : 两件衣服 两个房间 两本书 两杯可乐 两条路

2. 단위 앞에 쓰일 때
   "十" 앞에는 "二"만 쓴다; "百", "千", "万", "亿"가 수의 중간에 위치할 때 일반적으로 "二"을 쓴다. "百" 단위로 시작 하는 수의 '百' 앞에는 "二"과 "两" 모두 쓸 수 있다. "千", "万", "亿" 앞에는 일반적으로 "两"을 쓴다.

25 교육

교육 관련
핵심 키워드와
질문들을
살펴본다

한국의 교육열은 항상 학부모에게 관심사이며, 사회적으로 문제가 될 정도로 심한 것도 사실이다.
조기 유학, 청소년 일탈, 대학 입시 등에 이르기까지 많은 이슈가 되고 있다. 교육 관련된 어휘를 익혀 보자.

Key Point

교육 관련 핵심 키워드를 파악하자

- 零花钱[línghuāqián] 용돈
- 穿校服[chuān xiàofú] 교복을 입다
- 校园暴力[xiàoyuán bàolì] 학교 폭력
- 补习班[bǔxíbān] 학원
- 国外留学[guówài liúxué] 해외 유학
- 早期教育[zǎoqī jiàoyù] 조기 교육
- 义务教育[yìwù jiàoyù] 의무 교육

교육 관련에 대한 질문들은 아래와 같다.

- 조기 유학에 대한 의견
- 사교육에 대한 의견
- 학교 폭력에 대한 의견

핵심 표현

1 我认为不应该给孩子零花钱。
Wǒ rènwéi bù yīnggāi gěi háizi línghuāqián.
저는 아이에게 용돈을 주지 말아야 한다고 생각한다.

2 因此，我不同意给孩子零花钱。
Yīncǐ, wǒ bù tóngyì gěi háizi línghuāqián.
그런 이유로, 저는 아이에게 용돈을 줘야 한다고 동의하지 않습니다.

3 补习班会给孩子带来很多压力。
Bǔxíbān huì gěi háizi dài lái hěn duō yālì
학원은 아이에게 많은 스트레스를 가져다 줄 것입니다.

4 我不觉得让孩子早点儿国外留学比较好。
Wǒ bù juéde ràng háizi zǎodiǎnr guówài liúxué bǐjiào hǎo.
아이들이 조기에 해외로 유학 가는 것이 좋다고 생각하지 않습니다.

767 引导 yǐndǎo
동 인도하다

家长必须给孩子一个正确的引导。
Jiāzhǎng bìxū gěi háizi yí ge zhèngquè de yǐndǎo.
가장은 반드시 아이에게 정확한 인도를 해야 한다.

768 指导 zhǐdǎo
동 지도하다

我利用周末的时间指导学生。
Wǒ lìyòng zhōumò de shíjiān zhǐdǎo xuésheng.
저는 주말의 시간을 이용해서 학생을 지도했다.

769 培养 péiyǎng
동 배양하다, 양성하다

可以多培养一些高级人才。
Kěyǐ duō péiyǎng yìxiē gāojí réncái.
고급 인재를 양성할 수 있다.

770 提高 tígāo
동 향상시키다, 높이다

为了提高汉语水平，我要努力学习。
Wèile tígāo hànyǔ shuǐpíng, wǒ yào nǔlì xuéxí.
중국어 수준을 높이기 위해, 나는 노력해서 공부하려고 합니다.

771 干涉 gānshè
동 간섭하다

不要干涉别人的事。
Búyào gānshè biérén de shì.
다른 사람의 일을 간섭하지 마세요.

772 体罚 tǐfá
동 체벌하다

我觉得老师不应该体罚学生。
Wǒ juéde lǎoshī bù yīnggāi tǐfá xuésheng.
저는 선생님이 학생들을 체벌하면 안 된다고 생각합니다.

773 照顾 zhàogù
동 돌보다

可以在家全心全意地照顾孩子。
Kěyǐ zài jiā quánxīn quányì de zhàogù háizi.
온 힘을 바쳐서 집에서 아이를 돌볼 수 있다.

774 培训 péixùn
동 훈련하다

许多公司都进行内部人员培训。
Xǔduō gōngsī dōu jìnxíng nèibù rényuán péixùn.
많은 회사들은 내부 인원의 훈련을 진행했다.

775 掌握 zhǎngwò
동 장악하다

我已经掌握了专业技术。
Wǒ yǐjīng zhǎngwòle zhuānyè jìshù.
나는 이미 전문 기술을 마스터했다.

776 敬畏 jìngwèi
동 경외하다, 어려워하다

现在个别学生不再敬畏老师。
Xiànzài gèbié xuésheng bú zài jìngwèi lǎoshī.
현재 몇몇 학생들은 더 이상 선생님을 어려워하지 않는다.

777 批评 pīpíng
동 비평하다

他对这个问题提出了尖锐的批评。
Tā duì zhège wèntí tíchūle jiānruì de pīpíng.
그는 이 문제에 대해서 날카로운 비평을 내놓았다.

778 早期 zǎoqī
명 조기

现在从幼儿园就开始英语早期教育了。
Xiànzài cóng yòuéryuán jiù kāishǐ yīngyǔ zǎoqī jiàoyù le.
현재 유치원에서 영어 조기 교육이 시작되었다.

779 留学 liúxué
명 유학

让孩子早点儿出国留学比较好。
Ràng háizi zǎodiǎnr chūguó liúxué bǐjiào hǎo.
아이들이 일찍 유학하는 것은 비교적 좋다.

780 外语 wàiyǔ
명 외국어

我认为外语教育不宜过早。
Wǒ rènwéi wàiyǔ jiàoyù bùyí guòzǎo.
제 생각에는 외국어 교육은 지나치게 일찍 하는 것은 적당하지 않다.

781 素质 sùzhì
명 소양, 자질

我们需要一批高素质的专业人才。
Wǒmen xūyào yì pī gāo sùzhì de zhuānyè réncái.
우리들은 자질이 높은 전문 인재를 필요로 한다

782 暴力 bàolì
명 폭력

校园暴力的产生，学校和社会都有不可推卸的责任。
Xiàoyuán bàolì de chǎnshēng, xuéxiào hé shèhuì dōu yǒu bù kě tuīxiè de zérèn.
학교의 폭력에 대해서 학교와 사회가 책임을 전가하면 안 된다.

遍[biàn]과 次[cì]

'遍'은 동작이 처음부터 끝까지의 전 과정을 강조하는 것이다.
'遍'와 '次'는 앞에 수사가 위치하고, 모두 동사 뒤에 둘 수 있다.
동작의 수량을 의미한다.
'遍'은 동작이 처음부터 끝까지의 전 과정을 강조하는 것인데, 내용이 반복되는 것을 의미하기도 한다.

(1) 我看过两次中国电影。
    Wǒ kànguo liǎng cì Zhōngguó diànyǐng.

(2) 这个电影我看过两遍。
    Zhè ge diànyǐng wǒ kànguo liǎng biàn.

(1)은 나는 중국 영화를 2번 본적이 있다는 경험을 이야기하는 것이다.
또한 2번(两次)이라는 것은 서로 다른 영화 2편을 보았다는 것을 의미하고, 영화의 내용과는 관계가 없다.
(2)는 같은 영화를 의미하는 것이고, 반복해서 같은 영화를 두 번 보았다는 것이다.
그래서 2번(两遍)이라는 것은 내용이 같은 내용을 의미하는 것이다.

次

'次'은 '중국에 한 번 다녀왔다, 두 번 다녀왔다'와 같은 '행위'에 초점을 둔다.
'次'는 동작의 반복이고, 내용과는 관계가 없다.

26 미디어

미디어 관련 키워드와 그와 관련된 질문들을 알아본다

현대 사회에서 SNS는 단순한 소통이 수단이 아니라 사회 전체를 움직이는 기능을 수행한다.
SNS가 우리에게 가져다 주는 편리함과 그에 대한 부작용에 대한 문제가 출제되기도 한다.
미디어에 관련된 어휘를 익혀 보자.

Key Point

미디어 관련 키워드에 대해 알아보자.

- 智能手机[zhìnéng shǒujī] 스마트폰
- 视频通话[shìpín tōnghuà] 영상 통화
- 下载[xiàzǎi] 다운로드 받다
- 网上购物[wǎngshàng gòuwù] 인터넷 쇼핑
- 广告[guǎnggào] 광고
- 电视节目[diànshì jiémù] TV 프로그램

미디어 관련에 대한 질문들은 아래와 같다.

- 무료 다운로드에 대한 의견
- 스마트폰에 대한 장점과 단점
- 스마트폰을 사용함에 따라 어떠한 변화가 있는지에 대한 의견
- 많은 기업들이 간접 광고를 많이 하는 데 의견

핵심 표현

① 我认为在网上免费下载音乐的做法是不好的行为。
Wǒ rènwéi zài wǎngshàng miǎnfèi xiàzǎi yīnyuè de zuòfǎ shì bù hǎo de xíngwéi.
저는 인터넷에서 무료로 음악을 다운받는 것은 좋은 행동이 아니라고 생각합니다.

② 网络游戏很容易让人上瘾。
Wǎngluò yóuxì hěn róngyì ràng rén shàngyǐn.
인터넷 게임은 쉽게 중독이 됩니다.

③ 我觉得智能手机使我们的生活越来越方便。
Wǒ juéde zhìnéng shǒujī shǐ wǒmen de shēnghuó yuèláiyuè fāngbiàn.
저는 스마트폰이 우리들의 생활을 더욱더 편리하게 해줬다고 생각합니다.

④ 我觉得越来越离不开智能手机了。
Wǒ juéde yuèláiyuè líbukāi zhìnéng shǒujī le.
저는 더욱더 휴대폰을 떠나서 생각할 수 없습니다.

783 下载 xiàzǎi
동 다운로드하다

我从网上下载音乐文件。
Wǒ cóng wǎngshàng xiàzǎi yīnyuè wénjiàn.
저는 인터넷에서 음악 문서를 다운로드 하였습니다.

784 搜索 sōusuǒ
동 검색하다

你正在搜索的网页可能已经删除。
Nǐ zhèngzài sōusuǒ de wǎngyè kěnéng yǐjīng shānchú.
당신이 검색한 인터넷 홈페이지는 이미 삭제가 되었을 것이다.

785 查找 cházhǎo
동 찾다

论题已经选好了，目前正在查找资料。
Lùntí yǐjīng xuǎn hǎo le, mùqián zhèngzài cházhǎo zīliào.
논제는 이미 정해졌고, 현재 자료를 찾고 있다.

786 安装 ānzhuāng
동 설치하다

电脑软件已经安装好了。
Diànnǎo ruǎnjiàn yǐjīng ānzhuāng hǎo le.
컴퓨터 소프트웨어는 이미 다 설치되었다.

787

交流 jiāoliú
동 교류하다

我们经常在一起交流工作经验。
Wǒmen jīngcháng zài yìqǐ jiāoliú gōngzuò jīngyàn.
우리는 자주 일 경험을 같이 교류한다.

788

拉近 lājìn
동 가까이 끌어당기다

我把那本词典拉近。
Wǒ bǎ nà běn cídiǎn lājìn.
나는 그 사전을 가까이 끌어당겼다.

789

普及 pǔjí
동 보급되다

随着电脑的普及，网上教育应运而生。
Suízhe diànnǎo de pǔjí, wǎngshàng jiàoyù yìngyùn'érshēng.
컴퓨터의 보급에 따라, 인터넷 교육이 시대의 요구에 따라 나타났다.

790

传播 chuánbō
동 전파하다

大众文化主要通过网络，杂志等媒介传播。
Dàzhòng wénhuà zhǔyào tōngguò wǎngluò, zázhì děng méijiè chuánbō.
인터넷을 통해 대중 문화 잡지 등 주요 매개체를 전파했다.

791

泄露 xièlù
동 폭로되다

消息泄露出去了。
Xiāoxi xièlù chūqù le.
정보가 폭로되었다.

792

措施 cuòshī
 조치

如果当时采取妥当措施，事故可以避免。
Rúguǒ dāngshí cǎiqǔ tuǒdāng cuòshī, shìgù kěyǐ bìmiǎn.
만약에 그때 적절한 조치를 취했으면, 사고는 면할 수 있었다.

793

享受 xiǎngshòu
동 누리다

吃苦在前，享受在后。
Chīkǔ zài qián, xiǎngshòu zài hòu.
고생은 남보다 먼저 하고, 누리기는 남보다 나중에 한다.

794

软件 ruǎnjiàn
명 소프트웨어

他的电脑不支持这款软件。
Tā de diànnǎo bù zhīchí zhè kuǎn ruǎnjiàn.
그의 컴퓨터는 이 소프트웨어를 지원하지 않는다.

795 硬件 yìngjiàn
명 하드웨어

我的电脑硬件出毛病了。
Wǒ de diànnǎo yìngjiàn chū máobìng le.
저의 컴퓨터의 하드웨어가 고장 났습니다.

796 功能 gōngnéng
명 기능

这部手机的功能很多。
Zhè bù shǒujī de gōngnéng hěn duō.
이 휴대폰의 기능은 많습니다.

797 记者 jìzhě
명 기자

我想当记者。
Wǒ xiǎng dāng jìzhě.
저는 기자가 되고 싶습니다.

798 网站 wǎngzhàn
명 홈페이지

这个网站是关于网上购物的。
Zhège wǎngzhàn shì guānyú wǎngshàng gòuwù de.
이 홈페이지는 인터넷 구매에 관련된 것입니다.

799 收费 shōufèi
동 유료로 하다

这个是免费还是收费?
Zhège shì miǎnfèi háishi shōufèi?
이것은 무료인가요 아니면 유료인가요?

800 视频通话 shìpín tōnghuà
명 영상 통화

我目前还没试过打电话的视频通话。
Wǒ mùqián hái méi shìguo dǎ diànhuà de shìpín tōnghuà.
저는 현재까지 영상 통화를 해보지 않았습니다.

801 字幕 zìmù
명 자막

因为没有中文字幕,我没看懂这部电影。
Yīnwèi méiyou zhōngwén zìmù, wǒ méi kàndǒng zhè bù diànyǐng.
중국어 자막이 없기 때문에, 저는 이 영화를 이해할 수 없었습니다.

802 报道 bàodào
명·동 보도(하다)

天气报道说今天天气很好。
Tiānqì bàodào shuō jīntiān tiānqì hěn hǎo.
일기 예보에서 오늘 날씨가 좋다고 합니다.

803 屏幕

píngmù
명 스크린

这台电视机的屏幕是20英寸。
Zhè tái diànshìjī de píngmù shì èrshí yīngcùn.
이 TV의 스크린은 20인치입니다.

이것만은 헷갈리지 말자

중국어에서 사성(四聲)은 모두 일정한 음의 강세를 갖고 있다. 이에 대해 약하고 짧게 이완된 음으로 나타나는 성조를 경성(轻声)이라고 한다.
경성의 역할은 두 가지로 볼 수 있다.
경성은 경우에 따라 의미를 변별해 주는 작용을 한다. 즉, 어떤 단어의 특정 음절이 경성인지 아닌지에 따라 단어의 의미가 달라지는 경우가 있다.

첫째, 의미의 변별입니다.

东西	dōngxī	동과 서(방위)
	dōngxi	물건
地方	dìfāng	(중앙에 대하여) 지방
	dìfang	곳, 부분, 장소
孙子	sūnzǐ	춘추시대의 병법가
	sūnzi	아들의 사내자식, 손자
地下	dìxià	지하
	dìxia	땅바닥

둘째, 품사의 변별입니다.

自然	zìrán	(명) 자연, (부) 저절로
	zìran	(형) 자연스럽다
买卖	mǎimài	(동) 사고팔다
	mǎimai	(명) 장사, 매매
不是	búshì	'是'의 부정형
	búshi	(명) 과실, 잘못
开通	kāitōng	(동) 개통하다
	kāitong	(형) 사고가 진보적이다

27 이슈

이슈와
관련된
키워드와
질문들을
익힌다

최근에 사회로부터 관심을 가지고 있는 새로운 화제에 대해 자신의 의견을 이야기한다.
사회적으로 많은 사람들의 관심을 가지고 있는 주제에 대해서 이야기할 수 있도록 단어를 익혀 보자.

Key Point

이슈 관련 키워드에 대해 알아보자.

- 失业率[shīyèlǜ] 실업률
- 政策[zhèngcè] 정책
- 就业[jiùyè] 취업
- 老龄化[lǎolínghuà] 노령화
- 晚婚[wǎnhūn] 늦은 결혼

이슈 관련에 대한 질문들은 아래와 같다.

- 출산율이 낮아지는 것에 대한 의견
- 실업률이 높아지는 것에 대한 의견
- 결혼이 늦어지는 것에 대한 의견

핵심 표현

① 最近失业率很高，很多人都过得很难过。
Zuìjìn shīyèlǜ hěn gāo, hěn duō rén dōu guò de hěn nánguò.
최근에 실업률이 높아서, 많은 사람들이 살아가기 어렵다.

② 我觉得要想解决这个问题，就需要共同努力。
Wǒ juéde yào xiǎng jiějué zhège wèntí, jiù xūyào gòngtóng nǔlì.
저는 이 문제를 해결하기 위해, 공동의 노력이 필요합니다.

③ 为了鼓励生育，政府应该制定一些政策。
Wèile gǔlì shēngyù, zhèngfǔ yīnggāi zhìdìng yìxiē zhèngcè.
출산을 장려하기 위해, 정부는 정책을 제정해야 한다.

804 就业 jiùyè
명 취업

就业是一个非常敏感的问题。
Jiùyè shì yí ge fēicháng mǐngǎn de wèntí.
취업은 매우 민감한 문제입니다.

805 企业 qǐyè
명 기업

我们公司是做手机的企业。
Wǒmen gōngsī shì zuò shǒujī de qǐyè.
우리 회사는 휴대폰을 만드는 기업입니다.

806 失业 shīyè
동 일을 잃다, 직업을 잃다

很多人都怕失业。
Hěn duō rén dōu pà shīyè.
많은 사람들이 실업을 두려워합니다.

807 不景气 bùjǐngqì
형 불경기이다

最近经济不景气。
Zuìjìn jīngjì bùjǐngqì.
최근 경제는 불경기입니다.

808 求职
qiúzhí
동 구직을 하다

他为了求职跑来跑去。
Tā wèile qiúzhí pǎolái pǎoqù.
그는 구직을 위해 이리저리 뛰어다닙니다.

809 学历
xuélì
명 학력

很多公司要求有大学毕业以上学历。
Hěn duō gōngsī yàoqiú yǒu dàxué bìyè yǐshàng xuélì.
많은 회사들은 대학교 이상의 학력을 요구합니다.

810 简历
jiǎnlì
명 이력서

我给公司发了很多简历。
Wǒ gěi gōngsī fāle hěn duō jiǎnlì.
저는 회사에 많은 이력서를 보냈습니다.

811 出生率
chūshēnglù
명 출생률

韩国的出生率越来越低了。
Hánguó de chūshēnglù yuèláiyuè dī le.
한국의 출생률은 더욱더 낮아졌습니다.

812

生育 shēngyù
- 동 출산하다

计划生育是中国的基本国策之一。
Jìhuà shēngyù shì Zhōngguó de jīběn guócè zhī yī.
출산 계획은 중국의 기본 정책 중의 하나이다.

813

幼儿园 yòu'éryuán
- 명 유치원

我的儿子明年上幼儿园。
Wǒ de érzi míngnián shàng yòu'éryuán.
제 아들은 내년에 유치원에 갑니다.

814

学费 xuéfèi
- 명 학비

大学的学费太高，所以很多父母都很辛苦。
Dàxué de xuéfèi tài gāo, suǒyǐ hěn duō fùmǔ dōu hěn xīnkǔ.
대학의 학비는 너무 비싸서, 많은 부모들이 고생을 한다.

815

摄像头 shèxiàngtóu
- 명 CCTV

很多地方都安装了摄像头。
Hěn duō dìfang dōu ānzhuāngle shèxiàngtóu.
많은 곳에 CCTV가 설치되었다.

816 侵犯
qīnfàn
동 침해하다

很多人都不喜欢侵犯别人的私生活。
Hěn duō rén dōu bù xǐhuan qīnfàn biérén de sīshēnghuó.
많은 사람들이 타인의 사생활을 침해하는 것을 좋아하지 않는다.

817 系统
xìtǒng
명 시스템

为了电脑的健康，要定期清理系统。
Wèile diànnǎo de jiànkāng, yào dìngqī qīnglǐ xìtǒng.
컴퓨터의 성능을 위해, 정기적으로 시스템을 정리해줘야 한다.

818 税收
shuìshōu
명 세수입

税收是国家财政的主要来源。
Shuìshōu shì guójiā cáizhèng de zhǔyào láiyuán.
세수입은 국가 재정의 주요 원천이다.

819 老龄化
lǎolínghuà
명 노령화

韩国老龄化速度要快于世界上任何一个发达国家。
Hánguó lǎolínghuà sùdù yào kuài yú shìjiè shàng rènhé yīge fādá guójiā.
한국 노령화 속도는 세계 어떤 선진국보다 빨라지고 있다.

820 财政 cáizhèng
명 재정

财政困难很严重。
Cáizhèng kùnnán hěn yánzhòng.
재정이 어려워지는 것은 매우 위중한 것이다.

821 福利 fúlì
명 복리, 복지

我们公司福利不错。
Wǒmen gōngsī fúlì búcuò.
우리 회사 복지는 좋다.

822 选举 xuǎnjǔ
명 선거

选举时间临近了。
Xuǎnjǔ shíjiān línjìn le.
선거날이 임박했다.

823 投票 tóupiào
동 투표하다

我们来投票吧。
Wǒmen lái tóupiào ba.
우리 투표합시다.

824

抗议 kàngyì
(동) 항의하다

我抗议不公平待遇。
Wǒ kàngyì bù gōngpíng dàiyù.
나는 불공평한 대우에 항의했다.

825

平等 píngděng
(형) 평등하다

在现实生活中，有许多事情都是不平等的。
Zài xiànshí shēnghuó zhōng, yǒu xǔduō shìqíng dōu shì bù píngděng de.
현실생활 중에, 많은 일은 불공평하다.

826

性别 xìngbié
(명) 성별

由于性别的原因，她得不到升职。
Yóuyú xìngbié de yuányīn, tā débudào shēngzhí.
성 차별 때문에, 그녀는 승진을 하지 못했다.

827

差异 chàyì
(명) 차이, 다른 점

其它服务在质量上差异很大。
Qítā fúwù zài zhìliàng shàng chàyì hěn dà.
기타 서비스는 품질에 있어서 차이가 크다.

828 个性化 gèxìnghuà
동 개성화하다

个性化的产品是创造自己品牌的重要条件。
Gèxìnghuà de chǎnpǐn shì chuàngzào zìjǐ pǐnpái de zhòngyào tiáojiàn.
개성있는 제품은 자체의 브랜드를 창조하는 중요한 조건이다.

829 待遇 dàiyù
명 대우

我们不需要任何特殊待遇。
Wǒmen bù xūyào rènhé tèshū dàiyù.
우리들은 어떤 특별 대우를 필요로 하지 않는다.

830 报酬 bàochóu
명 보수

事情很难，报酬却没有多少。
Shìqíng hěn nán, bàochóu què méiyou duōshao.
일은 어려운데, 보수는 오히려 많지 않다.

831 业绩 yèjì
명 업적, 실적

他的工作业绩好。
Tā de gōngzuò yèjì hǎo.
그의 업무 실적은 좋다.

832

尊重 zūnzhòng
동 존중하다

我们应该尊重别人的想法和意见。
Wǒmen yīnggāi zūnzhòng biérén de xiǎngfǎ hé yìjiàn.
우리들은 다른 사람들의 생각과 의견을 존중해야 한다.

833

贫富差距 pínfù chàjù
빈부 격차

贫富差距越来越扩大，这成为严重的问题。
Pínfù chàjù yuèláiyuè kuòdà, zhè chéngwéi yánzhòng de wèntí.
빈부 격차는 더욱 더 커지고, 이것은 심각한 문제가 되었다.

834

整容 zhěngróng
동 성형하다

很多女人对整容非常感兴趣。
Hěn duō nǚrén duì zhěngróng fēicháng gǎn xìngqù.
많은 여자들은 성형에 대해 관심이 많습니다.

835

手术 shǒushù
명 수술

谁也不能保证这次手术会成功。
Shéi yě bùnéng bǎozhèng zhècì shǒushù huì chénggōng.
누구도 이 수술이 성공할 것이라고 보증할 수 없습니다.

836 风险
fēngxiǎn
명 위험, 모험

我觉得风险太大。
Wǒ juéde fēngxiǎn tài dà.
제 생각에 위험이 매우 큽니다.

837 营养
yíngyǎng
명 영양

营养状态很不好。
Yíngyǎng zhuàngtài hěn bù hǎo.
영양 상태가 매우 좋지 않습니다.

838 平衡
pínghéng
형 균형있게 하다

他不擅长平衡人际关系。
Tā bù shànzhǎng pínghéng rénjì guānxì.
그는 인간관계를 균형 있게 잘하지 못한다.

📝 联系 ≠ 练习

'연락하다'라는 의미의 联系와 '연습하다'라는 의미의 练习이다.
중국에서 친구와 헤어질 때 다음에 연락하자라고 해야 하는데, 다음에 연습하자는 의미로 말실수할 때가 있었다.
그 친구가 의아해하면서 쳐다보던 그 얼굴이 생각난다.

联系[liánxì] 연락하다

- 我怎么联系你? 제가 어떻게 당신과 연락을 하죠?
  Wǒ zěnme liánxì nǐ?

- 以后再联系。 이후에 다시 연락해요.
  Yǐhòu zài liánxì.

- 我们保持联系吧。 우리 계속 연락해요.
  Wǒmen bǎochí liánxì ba.

练习[liànxí] 연습하다

- 你经常练习吗? 당신은 자주 연습을 하나요?
  Nǐ jīngcháng liànxí ma?

- 你常常练习发音吗? 당신은 자주 발음 연습하시나요?
  Nǐ chángcháng liànxí fāyīn ma?

- 老师让我做了发音练习。 선생님은 나에게 발음 연습을 시켰다.
  Lǎoshī ràng wǒ zuòle fāyīn liànxí.

28 양사

이슈와 관련된
키워드와
질문들을
익힌다

양사는 사람이나 사물의 수 또는 동작의 행위와 횟수를 세는 데 사용되는 단위를 표시하는 단어이다.
양사는 명량사, 동량사, 복합양사가 있다.
적절하게 양사를 쓸 수 있도록 단어를 통해서 익혀 보자.

Key Point

① 条[tiáo] : 가늘고 긴 물건, 구부러지는 것에 많이 쓰임
一条毛巾(수건), 一条领带(넥타이), 一条路(길)
[yì tiáo máojīn], [yì tiáo lǐngdài], [yì tiáo lù]

② 张[zhāng] : 평면이나 혹은 평면이 있는 물체에 쓰임
一张地图(지도), 一张床(침대), 一张桌子(책상)
[yì zhāng dìtú], [yì zhāng chuáng], [yì zhāng zhuōzi]

③ 支[zhī] : 곧고 딱딱하며 가늘고 긴 물건을 세는 단위
一支铅笔(연필), 一支圆珠笔(볼펜), 一支笔(펜)
[yì zhī qiānbǐ], [yì zhī yuánzhūbǐ], [yì zhī bǐ]

④ 头[tóu] : 소, 당나귀, 돼지 따위의 가축을 세는 단위
一头牛(소), 三头猪(돼지)
[yì tóu niú], [sān tóu zhū]

⑤ 把[bǎ] : 자루가 있는 기구에 쓰임
一把雨伞(우산), 一把椅子(의자), 一把剪刀(가위)
[yì bǎ yǔsǎn], [yì bǎ yǐzi], [yì bǎ jiǎndāo]

⑥ 场[chǎng] : (문예, 오락, 체육 활동) 회, 번 / 일의 경과, 자연 현상
看场电影(영화), 一场舞会(무도회), 下了两场雨(비)
[kàn chǎng diànyǐng], [yì chǎng wǔhuì], [xiàle liǎng chǎng yǔ]

핵심 표현

① 床上有一只猫。
Chuáng shàng yǒu yì zhī māo.
침대 위에는 한 마리의 고양이가 있다.

② 沙发上有两只狗。
Shāfā shang yǒu liǎng zhī gǒu.
소파 위에는 두 마리의 개가 있다.

③ 桌子上有一台照相机。
Zhuōzi shàng yǒu yì tái zhàoxiàngjī.
책상 위에는 한 대의 카메라가 있다.

④ 他要买一条牛仔裤
Tā yào mǎi yì tiáo niúzǎikù.
그는 청바지 한 벌을 사려고 한다.

839

台 tái
양 기계, 전자제품을 세는 단위

这台电脑是最新出来的。
Zhè tái diànnǎo shì zuìxīn chūlái de.
이 컴퓨터는 가장 최근에 나온 것입니다.

840

只 zhī
양 동물을 세는 단위

床上有两只猫。
Chuáng shang yǒu liǎng zhī māo.
침대 위에는 고양이 두 마리가 있습니다.

841

顶 dǐng
양 꼭대기가 있는 물건

男孩正在买一顶帽子。
Nánhái zhèngzài mǎi yì dǐng màozi.
남자아이는 모자를 사고 있습니다.

842

把 bǎ
양 손잡이가 있는 기구

书包里面有一把雨伞。
Shūbāo lǐmiàn yǒu yì bǎ yǔsǎn.
책가방 안에는 우산 한 개가 있습니다.

843

支 zhī
양 곧고 딱딱하고 가늘고 긴 물건

这支铅笔七厘米。
Zhè zhī qiānbǐ qī límǐ.
이 연필은 7센티미터입니다.

844

条 tiáo
양 가늘고 긴 물건

那条裤子穿得很方便。
Nà tiáo kùzi chuān de hěn fāngbiàn.
그 바지를 입으면 편합니다.

845

双 shuāng
양 쌍을 이루어 사용하는 물건

她有一双明亮的眼睛。
Tā yǒu yì shuāng míngliang de yǎnjing.
그는 밝은 눈을 가지고 있습니다.

846

件 jiàn
양 일, 사건, 옷

这件衣服很好看。
Zhè jiàn yīfu hěn hǎokàn.
이 옷은 예쁩니다.

847

张 zhāng
양 평면이 있는 물체

请给我三张票。
Qǐng gěi wǒ sān zhāng piào.
저에게 3장의 표를 주세요.

848

块 kuài
양 덩어리 모양, 화폐(원)

他们要吃一块蛋糕。
Tāmen yào chī yí kuài dàngāo.
그들은 케이크 한 조각을 먹으려고 합니다.

849

本 běn
양 제본하여 책으로 만들어진 것

这本书是十四块钱。
Zhè běn shū shì shísì kuài qián.
이 책은 14원입니다.

850

种 zhǒng
양 종류를 표시

这种款式的黑色的都卖光了。
Zhè zhǒng kuǎnshì de hēisè de dōu màiguāng le.
이 종류의 디자인의 검은색은 다 팔렸습니다.

851

部 bù
- 양 기계나 영화에 쓰임

那部电影真有意思。
Nà bù diànyǐng zhēn yǒu yìsi.
그 영화는 정말 재미있습니다.

852

位 wèi
- 양 사람에 쓰임

这位是我的老师。
Zhè wèi shì wǒ de lǎoshī.
이분은 저의 선생님입니다.

853

份 fèn
- 양 신문, 보고서에 쓰임

这份报告有很多错误。
Zhè fèn bàogào yǒu hěn duō cuòwù.
이 보고서에는 많은 오류가 있습니다.

854

趟 tàng
- 양 차례, 번

你们先吃吧，我还得回一趟公司。
Nǐmen xiān chī ba, wǒ hái děi huí yí tàng gōngsī.
당신 먼저 식사하세요, 저는 회사에 한번 다녀와야 해요.

855

家 jiā
- 양 가정이나 기업에 쓰임

这家饭馆的菜很好吃。
Zhè jiā fànguǎn de cài hěn hǎochī.
이 식당의 요리는 맛있습니다.

856

场 chǎng
- 양 (문예, 오락, 체육활동) 회, 번

第二场比赛六点开始。
Dì èr chǎng bǐsài liù diǎn kāishǐ.
후반전 시합은 6시에 시작합니다.

857

副 fù
- 양 한 벌 또는 한 쌍으로 되어 있는 물건

这副眼镜看不清楚。
Zhè fù yǎnjìng kàn bù qīngchǔ.
이 안경은 명확하게 보이지 않습니다.

858

对 duì
- 양 성별, 좌우, 정반에 따라 배합한 두 사람, 두 동물

这对新人下个月要结婚。
Zhè duì xīnrén xiàge yuè yào jiéhūn.
이 사람들은 다음 달에 결혼하려고 합니다.

호칭에 대해서 알아보자

- **男的**[nánde] 남자
- **男生**[nánshēng] 남자
- **男人**[nánrén] 남자
- **男孩子**[nánháizi] 남자아이
- **先生**[xiānshēng] 선생님, 아저씨
- **女的**[nǚde] 여자
- **女生**[nǚshēng] 여자
- **女孩子**[nǚháizi] 여자아이
- **女士**[nǚshì] 여자
- **女人**[nǚrén] 여자

이 두 단어의 차이점은 무엇일까?

- **男朋友**[nán péngyou] 남자친구
- **男的朋友**[nán de péngyou] 남자인 친구

첫번째 단어는 남자친구(애인)라는 의미로, 결혼을 하지 않은 애인이라는 의미이다. 중국에서는 爱人이라는 의미가 결혼한 배우자를 의미하고, 남자, 여자에 상관없이 쓰입니다.

두번째 단어는 남자의 친구라는 의미로 단순한 이성의 친구를 의미합니다.

29 기타

여러 다양한 단어들을 익혀 본다

지금까지 소개되었던 주제에서 다루지 못한 단어들에 대해 소개를 하였고 문장을 만들어 가는 데 꼭 필요한 단어들을 소개하였다.
문장에 힘을 실리게 할 수 있는 단어들에 대해 익혀 보자.

859 了解 liǎojiě
동 이해하다, 알아 내다

我想了解中国文化。
Wǒ xiǎng liǎojiě Zhōngguó wénhuà.
저는 중국문화를 이해하고 싶습니다.

860 理解 lǐjiě
동 알다, 이해하다

请你理解我。
Qǐng nǐ lǐjiě wǒ.
저를 이해해 주세요.

861 迷路 mílù
동 길을 잃다

我在上海旅行时，迷路了。
Wǒ zài Shànghǎi lǚxíng shí, mílù le.
저는 상해 여행 때 길을 잃었습니다.

862 生病 shēngbìng
동 병이 나다

我昨天晚上生病了。
Wǒ zuótiān wǎnshang shēngbìng le.
저는 어제 저녁 아팠습니다.

863 遇到
yùdào
동 (우연히) 만나다

我在路上遇到了老朋友。
Wǒ zài lùshang yùdàole lǎo péngyou.
저는 길에서 오래된 친구를 우연히 만났습니다.

864 愿意
yuànyì
동 원하다

我们非常愿意跟他们合作。
Wǒmen fēicháng yuànyì gēn tāmen hézuò.
저는 그들과 합작하기를 매우 원합니다.

865 希望
xīwàng
동 희망하다, 바라다

我希望你考上大学。
Wǒ xīwàng nǐ kǎoshàng dàxué.
저는 당신이 대학에 합격하기를 희망합니다.

866 应该
yīnggāi
동 ~하는 것이 마땅하다

这是应该做的事。
Zhè shì yīnggāi zuò de shì.
이것은 당연히 해야 할 일입니다.

867 可能 kěnéng
부 아마도, 어쩌면

明天晚上他可能来。
Míngtiān wǎnshang tā kěnéng lái.
내일 저녁 그는 올 것입니다.

868 本来 běnlái
부 본래

我本来很胖。
Wǒ běnlái hěn pàng.
저는 본래 뚱뚱했습니다.

869 原来 yuánlái
부 원래, 당초, 처음에

我还以为谁呢，原来是你呀。
Wǒ hái yǐwéi shéi ne, yuánlái shì nǐ ya.
저는 누군가 했네요, 당신이었군요.

870 随便 suíbiàn
부 동 마음대로, 마음대로 하다

随你的便，我无所谓。
Suí nǐ de biàn, wǒ wúsuǒwèi.
당신 맘대로 하세요, 저는 상관없습니다.

871

不得不
bùdébù
부 부득불, 어쩔 수 없이

因为病得厉害，他不得不请假。
Yīnwèi bìng de lìhai, tā bùdébù qǐngjià.
병이 심각하기 때문에, 그는 부득이하게 휴가를 냈습니다.

872

曾经
céngjīng
부 일찍이, 이미

那里是我曾经住过的地方。
Nàlǐ shì wǒ céngjīng zhùguo de dìfang.
그곳은 내가 이미 살았던 곳이다.

873

从来
cónglái
부 지금까지, 여태껏

他从来没生气过。
Tā cónglái méi shēngqìguo.
그는 지금까지 화를 낸 적이 없다.

874

当然
dāngrán
부 당연히, 물론

你来，我心情当然好了。
Nǐ lái, wǒ xīnqíng dāngrán hǎo le.
당신이 오면, 제 기분은 당연히 좋죠.

875 到底 dàodǐ
부 도대체

你到底想说什么?
Nǐ dàodǐ xiǎng shuō shénme?
당신은 도대체 무엇을 말하고 싶나요?

876 反而 fǎnér
부 반대로, 도리어

不但不好，反而有害。
Búdàn bù hǎo, fǎnér yǒu hài.
좋지 않을 뿐만 아니라, 도리어 유해하다.

877 反正 fǎnzhèng
부 어찌되었든

我们明天做吧，反正不忙。
Wǒmen míngtiān zuò ba, fǎnzhèng bù máng.
우리 내일하자, 어차피 바쁘지 않으니까.

878 赶快 gǎnkuài
부 재빨리, 속히

赶快去吧，不然就来不及了。
Gǎnkuài qù ba, bùrán jiù láibùjí le.
빨리 가요, 그렇지 않으면 늦어요.

879 好像 hǎoxiàng
부 마치 ~와 같다

我们好像在哪儿见过面。
Wǒmen hǎoxiàng zài nǎr jiànguo miàn.
우리 어딘가에서 만난 것 같아요.

880 几乎 jīhū
부 거의, 모두, 하마터면

我几乎忘了爱人的生日。
Wǒ jīhū wàngle àiren de shēngrì.
저는 하마터면 아내의 생일을 잊을 뻔했다.

881 简直 jiǎnzhí
부 그야말로, 완전히

这次的考题简直难死了。
Zhècì de kǎotí jiǎnzhí nán sǐ le.
이번 시험문제가 완전히 어려웠다.

882 经常 jīngcháng
부 자주, 항상

我经常去中国出差。
Wǒ jīngcháng qù Zhōngguó chūchāi.
저는 자주 중국 출장을 갑니다.

883 另外 lìngwài
부 별도로, 그 밖에

另外的事情改天再说吧。
Lìngwài de shìqíng gǎitiān zài shuō ba.
나머지 일은 다음에 다시 말해요.

884 马上 mǎshàng
부 곧, 즉시, 바로

我马上准备，准备好的时候，就找你吧。
Wǒ mǎshàng zhǔnbèi, zhǔnbèi hǎo de shíhou, jiù zhǎo nǐ ba.
저는 곧 준비돼요, 준비될 때, 당신 찾을게요.

885 难怪 nánguài
부 어쩐지

难怪他今天这么高兴，考试及格了。
Nánguài tā jīntiān zhème gāoxìng, kǎoshì jígé le.
어쩐지 그가 오늘 이렇게 기쁜가 했더니, 시험에 합격했구나.

886 难道 nándào
부 설마 ~ 한 것이 아니겠는가?

难道你不认识我了吗?
Nándào nǐ bú rènshi wǒ le ma?
설마 저를 모르시는 건 아니죠?

887 其实 qíshí
부 사실

我其实没有生病，但感觉很不舒服。
Wǒ qíshí méiyou shēngbìng, dàn gǎnjué hěn bù shūfu.
저 사실 아프지 않아요, 그런데 느낌이 편하지 않아요.

888 千万 qiānwàn
부 절대로, 부디

你千万不要误会我。
Nǐ qiānwàn búyào wùhuì wǒ.
당신은 절대로 오해하지 마세요.

889 确实 quèshí
부 확실히, 틀림없이

这个问题确实是对的。
Zhège wèntí quèshí shì duì de.
이 문제는 확실히 맞는 것입니다.

890 甚至 shènzhì
부 심지어

当时我甚至连话都说不出来了。
Dāngshí wǒ shènzhì lián huà dōu shuō bù chūlái le.
당시 저는 심지어 말조차도 하지 못했습니다.

891 十分 shífēn
부 매우

我对周边的环境十分满足。
Wǒ duì zhōubiān de huánjìng shífēn mǎnzú.
저는 주변 환경에 매우 만족합니다.

892 是否 shìfǒu
부 ~인지 아닌지

他是否能来，还不一定。
Tā shìfǒu néng lái, hái bùyídìng.
그가 올지 안 올지는, 아직 확실하지 않습니다.

893 实在 shízài
부 실제로, 실은, 사실은

我实在不相信他的话。
Wǒ shízài bù xiāngxìn tā de huà.
저는 실제로 그의 말을 믿지 않습니다.

894 首先 shǒuxiān
부 우선

我觉得首先解决环境污染问题。
Wǒ juéde shǒuxiān jiějué huánjìng wūrǎn wèntí.
제 생각엔 우선 환경 오염 문제를 해결해야 합니다.

895 顺便
shùnbiàn
부 ~하는 김에, 겸사겸사

顺便买一瓶矿泉水。
Shùnbiàn mǎi yì píng kuàngquánshuǐ.
가는 김에 광천수 한 병 사다 주세요.

896 随时
suíshí
부 수시로, 언제든지

有问题，随时来问我吧。
Yǒu wèntí, suíshí lái wǒ wèn wǒ ba.
문제가 있으면, 언제든지 저에게 와서 물으세요.

897 特别
tèbié
부 특히

这个菜特别好吃。
Zhège cài tèbié hǎochī.
이 요리는 특히 맛있습니다.

898 完全
wánquán
부 완전히

他完全同意我们的意见。
Tā wánquán tóngyì wǒmen de yìjiàn.
그는 완전히 저의 의견에 동의했습니다.

899 一定 yídìng
부 반드시, 꼭

那时候我一定去。
Nà shíhou wǒ yídìng qù.
그때 저는 꼭 갑니다.

900 一共 yígòng
부 총, 모두

这个价格一共多少钱?
Zhège jiàgé yígòng duōshao qián?
이 가격은 총 얼마인가요?

901 已经 yǐjīng
부 이미, 벌써

我已经吃饱了，吃不下。
Wǒ yǐjīng chībǎo le, chībuxià.
저는 이미 배불러서, 더 먹을 수 없어요.

902 一直 yìzhí
부 줄곧, 곧바로, 계속

一直往前走就到了。
Yìzhí wǎng qián zǒu jiù dào le.
계속 앞으로 걸어가면 도착해요.

903

正好
zhènghǎo
형·부 딱 맞다, 마침

你来得正好。
Nǐ lái de zhènghǎo.
당신 딱 맞게 오셨네요.

904

正在
zhèngzài
부 지금 ~하고 있다.

他正在写汉字。
Tā zhèngzài xiě hànzì.
그는 지금 한자를 쓰고 있습니다.

905

只好
zhǐhǎo
부 부득이

现在去已经来不及了，我们只好打车去吧了。
Xiànzài qù yǐjing láibují le, wǒmen zhǐhǎo dǎchē qù le.
지금 가려면 늦었으니, 우리 부득이 택시타고 가자.

906

至少
zhìshǎo
부 적어도, 최소한

我们公司的职员至少有一千多名。
Wǒmen gōngsī de zhíyuán zhìshǎo yǒu yì qiān duō míng.
우리 회사의 직원은 적어도 천 명은 된다.

907 最好 zuìhǎo
부 제일 좋은 것은

你明天最好早点儿来。
Nǐ míngtiān zuìhǎo zǎodiǎnr lái.
당신이 제일 좋은 것은 내일 일찍 오시는 것입니다.

908 对 duì
개 ~에 대해

我对中国文化感兴趣。
Wǒ duì Zhōngguó wénhuà gǎn xìngqù.
저는 중국 문화에 관심이 있습니다.

909 对于 duìyú
개 ~에 대해(서)

对于工作，他总是认真负责。
Duìyú gōngzuò, tā zǒngshì rènzhēn fùzé.
일에 대해서 그는 늘 진지하며 책임을 집니다.

910 关于 guānyú
개 ~에 관해(서)

关于这个问题，我完全了解。
Guānyú zhège wèntí, wǒ wánquán liǎojiě.
이 문제에 관해서, 저는 완전 이해했습니다.

911 通过 tōngguò
동 통과하다, 건너가다

这次考试我要通过三级。
Zhècì kǎoshì wǒ yào tōngguò sān jí.
이 시험에 저는 3급에 통과해야 합니다.

912 为了 wèile
개 ~을 하기 위해서

为了你，我什么事都愿意做。
Wèile nǐ, wǒ shénme shì dōu yuànyì zuò.
당신을 위해서, 저는 무슨 일이든 하기를 원합니다.

913 不但 búdàn
접 ~일 뿐만 아니라

不但价格很便宜，而且质量也很好。
Búdàn jiàgé hěn piányi, érqiě zhìliàng yě hěn hǎo.
가격이 쌀 뿐만 아니라, 품질도 좋습니다.

914 不管 bùguǎn
접 ~을 막론하고

不管怎么样，你一定要来。
Bùguǎn zěnmeyàng, nǐ yídìng yào lái.
어쨌든 간에, 당신은 꼭 와야 합니다.

915 但是 dànshì
접 그러나, 그렇지만

我很想去旅游，但是工作很忙。
Wǒ hěn xiǎng qù lǚyóu, dànshì gōngzuò hěn máng.
저는 여행을 가고 싶지만, 일이 바쁩니다.

916 不过 búguò
접 그러나, 그런데, ~하지만

他身体一直不太好，不过现在好多了。
Tā shēntǐ yìzhí bútài hǎo, búguò xiànzài hǎo duō le.
그의 건강은 줄곧 그다지 좋지 않았지만, 지금은 좋아졌습니다.

917 可是 kěshì
접 그러나, 그렇지만

明天是周末，可是我要加班。
Míngtiān shì zhōumò, kěshì wǒ yào jiābān.
내일은 주말이지만, 저는 특근해야 합니다.

918 而且 érqiě
접 게다가, 또한

我们是同事，而且也是好朋友。
Wǒmen shì tóngshì, érqiě yěshì hǎo péngyou.
우리는 동료이자, 좋은 친구입니다.

919 还是 háishi
접 아니면

你喜欢吃中国菜还是吃韩国菜?
Nǐ xǐhuan chī Zhōngguócài háishi chī Hánguócài?
당신은 중국요리를 좋아하시나요 아니면 한국요리를 좋아하시나요?

920 或者 huòzhě
접 혹은

我坐地铁或者坐公交车都可以。
Wǒ zuò dìtiě huòzhě zuò gōngjiāochē dōu kěyǐ.
저는 전철을 타든지 혹은 버스를 타든지 모두 가능해요.

921 虽然 suīrán
접 비록 ~이지만

虽然工作很忙，但是心情很好。
Suīrán gōngzuò hěn máng, dànshì xīnqíng hěn hǎo.
비록 일은 바쁘지만, 마음은 좋습니다.

922 然后 ránhòu
접 그런 후에, 그 다음에

我们先吃饭，然后再说吧。
Wǒmen xiān chīfàn, ránhòu zài shuō ba.
우리 먼저 밥을 먹고, 그런 후에 다시 말해요.

923 同时 tóngshí
부 동시에

我不能同时做两件事。
Wǒ bùnéng tóngshí zuò liǎng jiàn shì.
저는 동시에 두 가지 일을 할 수 없어요.

924 要是 yàoshì
접 만약

要是你去超市的话，帮我买点儿吃的吧。
Yàoshì nǐ qù chāoshì de huà, bāng wǒ mǎi diǎnr chī de ba.
만약에 당신이 슈퍼마켓에 간다면, 먹을 것 좀 사다줘요.

925 因为 yīnwèi
접 개 왜냐하면, ～때문에

因为工作很忙，所以今晚要加班。
Yīnwèi gōngzuò hěn máng, suǒyǐ jīnwǎn yào jiābān
일이 바쁘기 때문에, 오늘 저녁에 야근해야 합니다.

926 所以 suǒyǐ
접 그래서, 때문에

明天要去出差，所以准备的东西很多。
Míngtiān yào qù chūchāi, suǒyǐ zhǔnbèi de dōngxi hěn duō
내일 출장을 가야 하기 때문에 준비할 자료가 많습니다.

927 只要 zhǐyào
접 ~하기만 한다면

只要你来，我就好。
Zhǐyào nǐ lái, wǒ jiù hǎo.
단지 당신이 오기만 한다면, 저는 좋습니다.

928 不要紧 búyàojǐn
형 괜찮다, 문제될 것이 없다

这件事不要紧，你不用担心。
Zhè jiàn shì búyàojǐn, nǐ búyòng dānxīn.
이 일은 중요하지 않습니다. 걱정하지 마세요.

929 怪不得 guàibude
부 어쩐지, 과연

怪不得你是中国人。
Guàibude nǐ shì Zhōngguórén.
어쩐지 당신은 중국인이었군요.

930 开玩笑 kāi wánxiào
동 농담하다

刚才说的话只是开个玩笑，你不要生气。
Gāngcái shuō de huà zhǐshì kāi ge wánxiào, nǐ búyào shēngqì.
방금 말한 것은 농담이니, 화내지 마세요.

931 来不及 láibují
동 제 시간에 댈 수 없다

现在去来不及，你不用去。
Xiànzài qù láibují, nǐ búyòng qù.
지금 가면 늦어요. 갈 필요가 없어요.

932 来得及 láidejí
동 제 시간에 댈 수 있다

现在去来得及，你快去吧。
Xiànzài qù láidejí, nǐ kuài qù ba.
지금 가면 늦지 않아요, 빨리 가세요.

933 忍不住 rěnbúzhù
동 견딜 수 없다

我实在忍不住，哈哈大笑起来。
Wǒ shízài rěnbúzhù, hāhādàxiào qǐlai.
저는 실제로 참을 수가 없어서 하하 하고 크게 웃었습니다.

934 聪明 cōngming
형 총명하다

我的儿子很聪明。
Wǒ de érzi hěn cōngming.
제 아들은 총명합니다.

935 积极 jījí
형 적극적이다

他工作的态度特别积极。
Tā gōngzuò de tàidù tèbié jījí.
그는 일하는 태도가 매우 적극적입니다.

936 礼貌 lǐmào
명 예의

年轻人真不懂礼貌。
Niánqīngrén zhēn bù dǒng lǐmào.
젊은 사람들은 정말로 예의가 없습니다.

937 认真 rènzhēn
형 진지하다, 착실하다

他工作的态度很认真。
Tā gōngzuò de tàidù hěn rènzhēn.
그가 일하는 태도는 정말 진지합니다.

938 小心 xiǎoxīn
동 형 조심하다, 조심스럽다

天气很冷，路上小心。
Tiānqì hěn lěng, lùshang xiǎoxīn.
날씨가 추우니, 길 조심하세요.

939

性格 xìnggé
명 성격

他的性格有点儿奇怪。
Tā de xìnggé yǒudiǎnr qíguài.
그의 성격은 좀 이상합니다.

940

优点 yōudiǎn
명 장점

他一点优点也没有。
Tā yìdiǎn yōudiǎn yě méiyou.
그의 장점은 조금도 없습니다.

941

缺点 quēdiǎn
명 단점

他最大的缺点是很容易相信别人。
Tā zuìdà de quēdiǎn shì hěn róngyì xiāngxìn biérén.
그의 가장 큰 단점은 쉽게 사람을 믿는다는 것입니다.

942

幽默 yōumò
형 유머가 있는

他很幽默，很多人都喜欢他。
Tā hěn yōumò, hěn duō rén dōu xǐhuan tā.
그는 유머가 있어서, 많은 사람들이 좋아합니다.

943 仔细 zǐxì
형 자세하게

他仔细地看着我。
Tā zǐxì de kànzhe wǒ.
그는 자세히 저를 보았습니다.

944 准备 zhǔnbèi
동 준비하다

她准备去中国学习汉语。
Tā zhǔnbèi qù Zhōngguó xuéxí Hànyǔ.
그녀는 중국에 중국어 공부하러 갈 준비를 합니다.

945 考虑 kǎolǜ
동 고려하다

请让我考虑一下。
Qǐng ràng wǒ kǎolǜ yíxià.
제가 좀 고려할게요.

946 相信 xiāngxìn
동 믿다

我再不能相信他了。
Wǒ zài bùnéng xiāngxìn tā le.
저는 더 이상 그를 믿지 않아요.

947

理想 lǐxiǎng
명 이상

我的理想终于实现了。
Wǒ de lǐxiǎng zhōngyú shíxiàn le.
저의 이상은 결국 실현이 되었습니다.

948

信心 xìnxīn
명 자신감

对自己有信心,你就能成功。
Duì zìjǐ yǒu xìnxīn, nǐ jiù néng chénggōng.
스스로에 대해 자신감이 있으면 당신은 성공할 수 있다.

949

办法 bànfǎ
명 방법

现在没有别的办法。
Xiànzài méiyou biéde bànfǎ.
지금 다른 방법이 없습니다.

950

方法 fāngfǎ
명 방법

要想学好汉语,你得改变学习方法。
Yào xiǎng xué hǎo Hànyǔ, nǐ děi gǎibiàn xuéxí fāngfǎ.
중국어 공부를 잘하려면, 당신은 학습 방법을 고쳐야 합니다.

951 方式 fāngshì
명 방식, 패턴

这种处理方式十分合理。
Zhè zhǒng chǔlǐ fāngshì shífēn hélǐ.
이런 종류의 처리 방식은 매우 합리적입니다.

952 继续 jìxù
동 명 계속하다, 계속

我们先休息吧，然后继续工作。
Wǒmen xiān xiūxi ba, ránhòu jìxù gōngzuò.
우리 우선 휴식을 하고요, 그런 후에 계속 일해요.

953 能力 nénglì
명 능력

他工作能力很强，很多人都喜欢他。
Tā gōngzuò nénglì hěn qiáng, hěn duō rén dōu xǐhuan tā.
그의 업무 능력은 우월해서 많은 사람들이 그를 좋아합니다.

954 变化 biànhuà
명 변화

如果有什么变化，就告诉我。
Rúguǒ yǒu shénme biànhuà, jiù gàosu wǒ.
만약에 어떤 변화가 있으면, 바로 저에게 알려줘요.

955 倒霉 dǎoméi
형 재수 없다

真倒霉，今天没带手机。
Zhēn dǎoméi, jīntiān méi dài shǒujī.
정말 재수 없게도, 오늘 휴대폰을 가지고 오지 않았어요.

956 复杂 fùzá
형 복잡하다

情况越来越复杂了。
Qíngkuàng yuèláiyuè fùzá le.
상황이 더욱더 복잡해졌다.

957 尽量 jǐnliàng
부 가능한 한, 최대 한도로

请尽量好好儿准备。
Qǐng jǐnliàng hǎohāor zhǔnbèi.
최대한 잘 준비하세요.

958 顺利 shùnlì
형 순조롭다

这次出差很顺利，取得了非常满意的结果。
Zhècì chūchāi hěn shùnlì, qǔdéle fēicháng mǎnyì de jiéguǒ.
이번 출장은 순조로웠고, 매우 만족할 만한 결과를 얻었습니다.

959 挑战
tiǎozhàn
명 도전

今年面临机遇和挑战。
Jīnnián miànlín jīyù hé tiǎozhàn.
올해 직면한 것은 기회와 도전이다.

960 危险
wēixiǎn
명 위기

眼前面临的危险要克服。
Yǎn qián miànlín de wēixiǎn yào kèfú.
눈앞에 직면한 위기는 극복합시다.

961 影响
yǐngxiǎng
동 영향을 주다, 영향을 끼치다

我妈觉得谈恋爱会影响学习。
Wǒ mā juéde tánliànài huì yǐngxiǎng xuéxí.
우리 엄마가 느끼기에 연애는 공부에 영향을 끼친다고 생각한다.

962 作用
zuòyòng
명 작용

喝茶对身体有很多作用。
Hē chá duì shēntǐ yǒu hěn duō zuòyòng.
차를 마시는 것은 건강에 매우 큰 작용을 합니다.

963 条件 tiáojiàn
명 조건

他的条件我不能接受。
Tā de tiáojiàn wǒ bùnéng jiēshòu.
그의 조건을 저는 받아들일 수 없습니다.

964 要求 yāoqiú
명 요구

你有什么要求，就随时跟我联系。
Nǐ yǒu shénme yàoqiú, jiù suíshí gēn wǒ liánxì.
당신이 요구할 일이 있으면, 언제든지 저에게 연락주세요.

965 背景 bèijǐng
명 배경

拍哪个背景照片？
Pāi nǎge bèijǐng zhàopiàn?
어떤 배경으로 사진을 찍죠?

966 表示 biǎoshì
동 표시하다

他表示对会议的结果很满意。
Tā biǎoshì duì huìyì de jiéguǒ hěn mǎnyì.
그는 회의의 결과에 대해서 만족한다고 표시했다.

967 分析 fēnxī
동 분석하다

这份报告分析得很好。
Zhè fèn bàogào fēnxī de hěn hǎo.
이 보고서는 분석을 잘했습니다.

968 简单 jiǎndān
형 간단하다, 단순하다

这个不是简单的问题。
Zhège búshì jiǎndān de wèntí.
이것은 간단한 문제가 아닙니다.

969 容易 róngyì
형 쉽다

这件事说起来容易。
Zhè jiàn shì shuō qǐlai róngyì.
이 일은 말로 하자면 쉽다.

970 使用 shǐyòng
동 사용하다

我使用了各种各样的方法。
Wǒ shǐyòngle gèzhǒng gèyàng de fāngfǎ.
저는 각양각색의 방법을 사용했습니다.

971 以为 yǐwéi
동 여기다, 생각하다

我以为你是中国人。
Wǒ yǐwéi nǐ shì Zhōngguórén.
저는 당신이 중국인이라고 생각했습니다.

972 认为 rènwéi
동 여기다, 생각하다

大家都认为你能成功。
Dàjiā dōu rènwéi nǐ néng chénggōng.
모두 당신이 성공할 수 있을 것이라고 생각합니다.

973 建议 jiànyì
동 건의하다

我不能接受你的建议。
Wǒ bùnéng jiēshòu nǐ de jiànyì.
저는 당신의 건의를 받아들일 수 없습니다.

974 进行 jìnxíng
동 진행하다

我们进行开始会议吧。
Wǒmen jìnxíng kāishǐ huìyì ba.
우리 회의를 시작합시다.

975 理由 lǐyóu
명 이유

我迟到的理由是起得很晚。
Wǒ chídào de lǐyóu shì qǐ de hěn wǎn.
제가 지각한 이유는 늦게 일어나서입니다.

976 说明 shuōmíng
동 설명하다

能再给我说明一遍吗?
Néng zài gěi wǒ shuōmíng yíbiàn ma?
다시 한 번 설명해 줄 수 있나요?

977 一辈子 yíbèizi
명 한 평생

这件事我一辈子也忘不了。
Zhè jiàn shì wǒ yíbèizi yě wàngbuliǎo.
이 일은 제가 한 평생 동안 잊을 수 없는 것입니다.

978 左右 zuǒyòu
명 좌우, 쯤, 정도

我下午三点左右回来。
Wǒ xiàwǔ sān diǎn zuǒyòu huílái.
저는 오후 3시쯤 돌아옵니다.

979 精彩 jīngcǎi
형 뛰어나다, 훌륭하다, 멋있다

他的表演很精彩。
Tā de biǎoyǎn hěn jīngcǎi.
그의 공연은 매우 멋있었습니다.

980 节目 jiémù
명 프로그램

我最喜欢的节目是娱乐节目。
Wǒ zuì xǐhuan de jiémù shì yúlè jiémù.
제가 가장 좋아하는 프로그램은 오락 프로그램입니다.

981 大概 dàgài
부 대략, 아마

大概要等多长时间?
Dàgài yào děng duōcháng shíjiān?
대략 얼마나 기다려야 하나요?

982 关键 guānjiàn
명 관건

成功的关键是从一开始就做好准备。
Chénggōng de guānjiàn shì cóng yì kāishǐ jiù zuò hǎo zhǔnbèi.
성공의 관건은 시작할 때 준비를 잘하는 것입니다.

983

会 huì
동 (배워서) 할 수 있다

我会说一点的汉语。
Wǒ huì shuō yìdiǎn de Hànyǔ.
저는 중국어를 좀 할 줄 압니다.

984

能 néng
동 (능력)을 할 수 있다

他能做到的事，我也能做到。
Tā néng zuòdào de shì, wǒ yě néng zuòdào.
그가 할 수 있는 일을 저도 할 수 있습니다.

985

可以 kěyǐ
동 할 수 있다

我可以帮助你的。
Wǒ kěyǐ bāngzhù nǐ de.
제가 당신을 도와줄 수 있습니다.

986

必须 bìxū
동 반드시 ~해야 한다

这件事必须由你来处理。
Zhè jiàn shì bìxū yóu nǐ lái chǔlǐ.
이 일은 반드시 당신이 처리를 해야 합니다.

987 才
cái
부 겨우, 고작

你怎么现在才来?
Nǐ zěnme xiànzài cái lái?
당신은 어떻게 겨우 지금에야 왔나요?

988 除了
chúle
개 ~을 제외하고

除了你, 这事谁也不知道。
Chúle nǐ, zhè shì shéi yě bù zhīdao.
너를 제외하고 이 일은 아무도 모른다.

989 随着
suízhe
동 ~에 따라서

随着生活水平的提高，人们的寿命会越来越长。
Suízhe shēnghuó shuǐpíng de tígāo, rénmen de shòumìng huì yuèláiyuè cháng.
생활 수준의 향상에 따라서 사람들의 수명은 더욱더 길어질 것이다.

990 究竟
jiūjìng
부 도대체, 대관절

这件事究竟是谁告诉你的?
Zhè jiàn shì jiūjìng shì shéi gàosu nǐ de?
이 일은 도대체 누가 당신에게 알려준 것인가요?

991 往往 wǎngwǎng
- 부 자주, 왕왕, 때때로

我往往一感冒就发烧。
Wǒ wǎngwǎng yì gǎnmào jiù fāshāo.
저는 감기에 걸리면 자주 열이 납니다.

992 比较 bǐjiào
- 부 비교적

我觉得汉语发音比较难。
wǒ juéde Hànyǔ fāyīn bǐjiào nán.
제 생각에 중국어 발음은 비교적 어렵습니다.

993 相当 xiāngdāng
- 부 상당히, 매우

你买的东西相当贵。
Nǐ mǎi de dōngxi xiāngdāng guì.
당신이 산 물건은 매우 비쌉니다.

994 永远 yǒngyuǎn
- 부 영원히

我想永远和你在一起。
Wǒ xiǎng yǒngyuǎn hé nǐ zài yìqǐ.
저는 당신과 영원히 함께 하고 싶습니다.

995 终于
zhōngyú
부 결국, 마침내

我努力学习汉语，终于得到了四级。
Wǒ nǔlì xuéxí Hànyǔ, zhōngyú dédàole sì jí.
저는 노력해서 중국어를 공부했고, 마침내 4급을 얻었습니다.

996 总是
zǒngshì
부 늘

他们总是互相帮助。
Tāmen zǒngshì hùxiāng bāngzhù.
그들은 늘 서로 돕습니다.

997 比如
bǐrú
접 예를 들어, 예컨대

比如说有什么好办法？
Bǐrú shuō yǒu shénme hǎo bànfǎ?
예를 들어 무엇이 좋은 방법인가요?

998 否则
fǒuzé
접 그렇지 않으면

今天一定要做完，否则问题会严重的。
Jīntiān yídìng yào zuò wán, fǒuzé wèntí huì yánzhòng de.
오늘 반드시 완성을 해야 합니다. 그렇지 않으면 문제는 심각해질 것입니다.

999 因此 yīncǐ
접 이로 인해, 이 때문에

明天要去中国出差，因此要准备的资料很多。
Míngtiān yào qù zhōngguó chūchāi, yīncǐ yào zhǔnbèi de zīliào hěn duō.
내일 중국에 출장을 가야 하는 이유로 준비해야 할 자료가 많습니다.

1000 以及 yǐjí
접 그리고, 및

他说明了他的事情以及情况。
Tā shuōmíngle tā de shìqíng yǐjí qíngkuàng.
그는 그의 일과 상황을 설명했습니다.

이것만은 헷갈리지 말자

走와 去의 차이점

일정한 장소에 있다가 그 자리를 벗어나는 의미의 자동사 '가다'
去 : 일정한 장소를 목적지로 하여 그곳으로 이동하는 의미의 타동사 '~로 가다'
즉, 走는 뒤에 일반적으로 목적지가 오지 않고, 去 뒤에는 목적지가 옵니다.
하지만, 去는 목적지가 오지 않는 경우도 있는데, 예를 들어 '我也去!'라는 문장에서는 이미 대화하는 사람들끼리 갈 곳(목적지)이 정해져 있는 상태입니다.

A : 我要去市場買東西, 你也要去嗎?。 나 물건 사러 시장 갈 건데, 너도 갈래?
Wǒ yào qù shìchǎng mǎi dōngxi, nǐ yě yào qù ma?
B : 我也去! 나도 가요!
Wǒ yě qù!

여기서 목적지는 시장입니다. 결국 我也去 뒤에 市場이 생략된 것으로 보면 됩니다.
하지만, 走의 뒤에는 보통 목적지가 오지 않습니다. 즉, 我要走市場買東西. 라고는 할 수 없죠. 走는 목적지와는 상관없이 단순히 가는 것을 말합니다.

예를 들면,
"그는 가버렸다" = 他走了.
"우리 (그만) 가자" = 我們走吧.
그리고 走는 '가다'라는 뜻 외에도 '걷다'라는 의미가 있습니다.

A : 你到這兒怎麼來的? 너 여기까지 어떻게 왔니?
Nǐ dào zhèr zěnme lái de?
B : 走着來的. 걸어서 왔어요.
Zǒuzhe lái de.